CONTENTS

Week 01

跨出第一步

Week 04

將目光放在自己擁有的

Week 05

改變態度

Week 06

為他人著想

Week 07

誠實面對自己

一天 15 分鐘 ×7 週，
持續書寫就能改變人生！

感謝各位讀者打開本書。

想必你正抱著以下的想法：「希望有能力將腦中所想化爲現實」「希望更有行動力」「想成爲可以實現目標的人」「想改變習慣」。本書正是爲了抱著這些想法的你而寫，爲了讓各位實現以上心願而寫。

或許你會想：「作者怎麼會知道我在想什麼？」答案很簡單，如果你沒有這麼想，就不會拿起這本書，更不可能打開了。

只要連續執行 49 天，我敢保證每個人都會更加喜歡自己，也都能成長爲更積極嘗試新事物的人。

我是橫川裕之，幫助各位將腦中所想的內容化爲文字，引導你變成自己期望的樣子。閱讀本書之前，先與各位分享之前收到的讀者回饋。

> ・以前我們夫妻幾乎不說話，現在每天有聊不完的話題。
> ・順利實現願望，被選爲全國大賽的選手。
> ・在新冠肺炎疫情之中，仍不停刷新每月最高收入。

- 公布商品訊息之後，5分鐘內就銷售一空。
- 終於自立門戶，實現多年的願望。
- 孩子考上理想的學校。
- 有機會和一直以來視為偶像、很想見上一面的人取得聯繫管道。

在上一本拙作，我告訴讀者任何人都可以將心中所想變成現實。做不到，是因為將想法變成現實、實現在自己身上的「能力」不足。

舉例來說，現在你正在閱讀這本書，是因為你具備了將「拿起並打開這本書」的想法變為現實的能力。或許你會想：「這種理所當然的事情有什麼好說的？」正因為是理所當然的事，所以才能變成現實。

許多人認為：「我每天都想變成有錢人，但根本不會實現。說什麼想法會變成現實，根本就是騙人的！」

為什麼想變成有錢人的想法不會變成現實呢？道理非常簡單。

想變成有錢人的背面，其實存在著「我不是有錢人」的想法。而「我不是有錢人」的想法，一直被你視為理所當然，所以「我不是有錢人」便成為現實。

真正的有錢人根本沒有「想變成有錢人」的想法。因為有

錢的狀態，對他們來說理所當然，所以他們是有錢人。

「**讓理所當然的事成為現實**」，也就是說，如果希望某件事成為現實，就要改變自己，讓自己相信某件事成為現實是自然的。只要改變自己，現實就會跟著改變；反過來說，當現實有所變化，就表示你已經成為適合這個現狀的人。

失敗使人成長

想改變自己和往後的人生，就必須嘗試不同於以往的做法。嘗試新方法，當然必須承擔失敗的風險。不願意承擔風險的話，根本無法改變人生。

若不想失敗，當然也可以選擇不要挑戰，但就必須承受一輩子都不可能改變的代價。有些人會想：「好想改變自己、想改變人生！但是我不想失敗。」天底下沒有這麼好的事，而且歷史上也沒有不經歷失敗就成功的人。

成功帶來相對應的回報，失敗則能使人成長。成功的背後藏著無數的失敗。正因為經歷過失敗，才終於獲得成功。

確實有些人做任何事都能獲得人人稱羨的好成績，但這些人並非一開始就取得佳績。每個人剛出生都是光溜溜的嬰兒，什麼都不會，成長過程中經歷了各種挑戰和失敗，才從中慢慢培養出將心中所想化為現實的能力。

如果不願意接受挑戰和失敗，就無法成長；無法成長，就

無法培養將想法轉爲現實的能力。「這些我都懂，但還是很害怕失敗。」或許你會這麼想。相信我，只要每天書寫這本筆記，就一定能克服這樣的念頭。

接受失敗的事實

即使做好最壞的打算、上場前做好最充足的準備，終究還是失敗了。但失敗是因爲我們勇於接受挑戰，因爲我們能力不足所致。沒有人願意失敗，如果事情已經發生，懊悔也無濟於事，重要的是如何面對。你可以選擇失敗後一蹶不振，也可以選擇記取經驗，運用在下一次的挑戰。

失敗使人成長，帶領我們朝著實現夢想跨出一步。接受失敗的事實，培養出將心中所想化爲現實的能力吧。

我將這種願意接受失敗的能力稱爲「自認力」。自認力越高，將想法化爲現實的能力也會越高。本書將帶領各位藉由 49 天的功課，提升自認力，並將想法化爲現實，請務必堅持到最後一天。

如何使用本書

最適合書寫這本圓夢筆記的時間是每天就寢前。就寢前書寫，回顧當天所發生的事情，幫助你帶著輕鬆的心情入睡。睡

著的時候大腦並不會休息，會自動重播白天的活動，並在隔天凌晨喚醒我們。

請每天寫下三件當天發生的好事。將發生的好事記錄下來，會讓大腦產生「今天一整天都非常棒」的認知，然後在睡眠中重播這些好事，使我們隔天神清氣爽地醒來。

如果睡前不將好事寫下，就會滿腦子充滿不開心的事情，並帶著這樣的情緒入眠，睡眠中不斷重播不開心的事，隔天早上起床後也會不開心。無法帶著好心情起床的話，一整天都會不開心，身邊的人看到我們不開心便會躲得遠遠，心情就更差了……就這樣陷入惡性循環。

沒有人願意陷入這種狀態，但大部分的人都在不知不覺中掉進這個惡性循環之中。**眼前發生的一切事物，本身並沒有特殊意義，所有的意義都是當事人賦予的。**至於如何賦予不同的意義，則是取決於每個人的思考模式。

光憑自己的力量，只能實現小事。如果想成就大事，就需要他人的協助，且必須讓人開開心心地幫助我們。要如何成為這樣的人呢？首先必須養成懂得欣賞他人優點的思考模式。

請各位在書寫這本筆記時，務必遵守以下三個規則。

① 直接寫在書上

有些人對於在書上寫字心存抗拒。希望各位換個角度想，告訴自己這本書是尚未完成的。那麼，完成後是怎樣的內容呢？

各位將每天的功課寫完之後，才是本書眞正該有的樣貌。雖然每天的功課都一樣，不過每個人的經驗都是獨一無二，寫出來的答案不可能和其他人一樣。因此，49 天之後，這本書將會成爲世界上獨一無二的存在，而且是只有你寫得出來的。

49 天後，你可以帶著這本書和朋友分享自己的經驗。因爲書裡記錄了許多你透過各種經驗學到的東西，所以只有你能與人分享。你可以向人收取高於本書價格的學費，也可以帶領其他人一起使用這本書。

② 每次只寫一天

這點也請各位務必遵守，千萬不要因爲中途忘記而一次寫完好幾天的分量。這不是暑假作業，累積好幾天一次趕完是沒有任何意義的，本書的意義在於每天不間斷地書寫。

例如每天跑兩公里、連續跑一星期，和每星期跑兩次、一次跑七公里，總距離雖然相同，但哪種跑法能增強體力呢？答案是每天跑兩公里，對吧？

各位可以自行決定每天要花多少時間在這本書上，剛開始不妨先設定 15 分鐘。15 分鐘是一天（1440 分鐘）的大約 1%。我敢向各位保證，只要改變度過這 1%時間的方法，你的人生就會開始改變。

每天持續，也能幫助各位加強信念。關於信念，應該可以寫好幾本書，這裡就不多說了。信念夠強的人，一旦決定就會

堅持到底；也就是說，一旦決定要做某件事情，堅持到底就能強化信念。

③ 以肯定句書寫

請各位回答問題的時候使用肯定句。和他人溝通時，如果不用肯定句，很難讓對方清楚得知我們的意思，更會看起來沒自信。

如果有人說「我應該會連續寫 49 天」，你覺得他是認真的嗎？會覺得這個人只是想想而已，但不打算這麼做，或是沒有自信吧。

怎麼做才會有自信呢？有自信的人不會使用「應該」。如果問你：「會不會背九九乘法表？」相信所有人都能很有把握地說出：「會！」但如果問題改成：「會不會用心算從 1 乘到 30？」答案是肯定的嗎？除非通過心算檢定考試，否則相信大家都會很有把握地說出「不會！」吧。

自己會什麼、不會什麼，所有人都能肯定地給出答案。假設你現在無法以心算從 1 乘到 30，但只要練習，這件事就會變得容易，可以很有把握地說出答案。所以我們要先假裝自己可以做到，至於會或不會，都是之後的問題，請先堅定地說出：「我會！」只要每天書寫時使用肯定句，就會逐漸接受自己是很有把握的人。

遵守以上三個規則，我敢向各位保證，49 天之後，你的身上將會產生非常明顯的變化。

　　而且在書寫的過程中，各位的能量會轉移到文字上。如果你帶著不得不寫的心情，這本書就會充滿不得不的能量，並使「每天打開書都非常痛苦，慢慢地就不再寫了」變成現實；如果從書中找到每天的樂趣，寫得非常開心，這本書就會充滿正能量，讓你每天充滿期待地打開它。

　　最後這本書將呈現什麼樣貌，取決於你每天書寫的內容。

　　話不多說，期待在 Day 01 與你相見。

執行過這本圓夢筆記的人怎麼說？

每天的文章總能解決心中的不安與疑惑，並使大家從中獲得很多鼓勵，真的很棒。閱讀文章帶給我繼續前進的動力，好像有人陪跑一樣，讓我非常放心。雖然我沒什麼優點，既不成熟又微不足道，卻能從文章中獲得「我也做得到」的勇氣。　　　　　　　　　　（金子文／展店經營顧問）

每天雖然只是一小步，但持續不間斷地寫，讓我感覺自己確實獲得成長，自認力也變高了，49 天之後變得超愛自己。書寫這本筆記讓我不覺得孤單，彷彿有人每天為我加油，陪著我走過 49 天一樣。原本以為自己無法持續，最後還是順利寫完了，是非常好的練習。

（高月圭子／住宅規畫師）

老師持續將課題轉化為文字，每個課題該如何應對，書中也都有詳細的解說，在執行過程中感到十分安心。讀這本書，更幫助我下定決心好好正視自己的人生。挑戰通常伴隨著恐懼，但書寫這本筆記讓我獲得理想中的未來。　　　　　　　　　　（たかのはるか／搞笑版主）

內容非常容易實行，藉由書寫就可以創造出專屬自己的一本書，所以也邀請我的兩個女兒（國一和高一）一起寫，讓她們感受藉由書寫逐步實現願望的成就感。　　　　　（越川一宏／還清一億日圓負債的選手）

時而寬容、時而嚴厲，這本書讓我感覺好像有人隨時陪在身邊。每次寫都有不同的新發現，絕對是不可錯過的一本好書。

（勝田香子／配音員）

只要完成每天的功課，依照順序，正確書寫和回答，誠實作答，就能帶出不同的思考模式。書裡很多知識雖然已經知道，但都沒辦法實際派上用場，沒想到能在每天書寫的過程中實際運用。從來沒見過這麼創新、突破的設計。
（汐口あゆみ／廣告文案）

相較於他人，我總會忍不住追求自己沒有的，很沒自信。這本書讓我發現自己既有的價值，記錄下來的內容也成為自己的歷史，回顧曾經寫過的東西更有許多新發現。
（山那佳世／美容院經營者）

書裡明白地指出「想實現所有願望是不可能的」，讓我覺得這本書很值得信任，因此決定嘗試寫寫看。每天的功課都清楚列出各種學習內容，讓我從中獲得許多新發現。相信每位購買、實踐本書的人，都會非常幸福喔。
（石川與生／Best Body 推拿師）

當某些事物變成習慣之後，我常會不再認真執行，結果又打回原形。以前我總當作沒這回事，讀了這本書之後讓我燃起想重新挑戰的決心。
（金丸直明／農場經營人）

在這本書學習到，經由練習學會的各項技巧，都是一輩子受用不盡的。想從事怎樣的職業、想和周遭建立怎樣的關係，都取決於是否能靠自己的語言與人溝通，相信這項技巧會越來越受到普羅大眾的重視。
（山路貞善／日本營業大學講師）

開始實施前或許會覺得 49 天好長，但每天寫著寫著，會發現 49 天一下子就結束了。如果認真寫完 49 天，一定寫滿了非常棒的內容。只要一想到，就忍不住為大家開心。
（中澤ひとみ／私人教練）

每天書寫讓我發現自己習慣用怎樣的方式思考。因為必須找出生活中的好事，所以心情變得非常輕鬆。這樣的心情也體現在日常生活當中，慢慢地發現自己比較不像之前那樣容易感到沮喪、膽怯，或情緒不佳了。

（小沼鏡繪 / 四寶媽）

每天腳踏實地、仔細地把心中所想化為文字，就能輕鬆轉化成行動。雖然只是一小步，但重複執行就會使自己進步……這就是這樣的一本書。我參加過很多講座，以前總希望可以更快看到成效，是這本書讓我學會欲速則不達。

（岡本有紀子 / 岡本株式會社代表取締役）

這本書讓我學到一種好的循環，也就是在設定目標的同時，做各種學習並採取行動，回顧每一天並運用於未來。讓我的情緒不會過度激昂，也不感覺失落，而是平平靜靜地將心中所想化為文字。

（園田惠 / 助產師）

首先將自己的位置設定在想達成的目標上，以「未來→現在」的觀點進行各項練習，這一點非常有趣。許多坊間類似書籍都刻意把練習的門檻壓得很低，本書設計成由目標往回推的設定非常棒。

（本屋勝海 / 頭痛患者）

光看目錄就開始期待自己會產生怎樣的變化而雀躍不已，讓我有了實踐的動力。

（谷口美代子 / 三寶媽）

剛出生的小嬰兒沒想過有什麼是自己辦不到的，但隨著年齡漸長，因為過去的種種經驗而害怕自己做不好。如果不夠好是我們自身養成的，那麼也可以靠自己的力量變成很好的人。這本書告訴我們讓自己變好的思考模式和實行方法，執行 49 天之後，真的能變得更棒。

（上川弘次郎 / 保險代理公司經營人、心靈家教）

這本書和其他書不同，經由書寫完成一本全新的筆記，這做法非常新穎！

（木村萬理子 / 月嫂）

非常高興彷彿有人完全理解我的心情，也讓我更有動力想繼續寫到最後一頁。在實行的過程中，老師也不斷在書中重複各種重要的事情，隨時解答當時的疑惑，使我不再猶豫，也更加深了印象。

（武田智佐子 / 上班族）

沒有整本做完，就無法了解這本筆記的意義所在。即使寫完整本，也不會就這樣結束，應該持續不斷地練習。雖然知道必須持續，但還是沒辦法養成習慣，所以今後也會將這本書放在醒目的地方，時時刻刻提醒自己。

（鈴木史生 / 會計師）

Week
01

跨出第一步

Day 01
與自己的約定

今天要開始寫筆記了，正在閱讀本書的你即將跨出第一步，非常榮幸有機會參與各位 49 天的成長過程。

再怎麼浩大的工程，如果沒有最初的第一步，都不可能成真。假設你現在人在大阪，想去東京的國立競技場，交通手段有很多，可以搭新幹線、飛機或客運，也可以開車或徒步前往。但如果只是擬訂計畫，卻一步也不肯踏出家門，你就不可能出現在國立競技場。

有人會想：「這不是理所當然的嗎？」但大多數人擬訂計畫之後，就不會踏出一步；即使踏出了第一步，也不會持續第二步、第三步。為什麼無法持續行動呢？這部分下週會再分享。今天先把焦點放在持續行動的第一步。

今天的主題是「與自己的約定」。雖說是約定，但其實沒這麼困難。今天請各位約定的，是每天寫這本筆記的時間。原文書名是睡前筆記，當然是晚上寫的效果最好，但白天或晚上書寫，其實都沒有問題。

可以設定固定的時間，例如「每天晚上八點一定要寫筆記」。但我更推薦的是**和習慣連結**，例如洗完澡之後，或是刷

牙之前。

設定好每天確實會打開筆記的時間之後,請將這個時間記錄在第 25 頁。記錄好之後,建議短期內也同時設定手機行事曆來提醒自己。

人的行為之所以無法持續,最重要的原因就是「忘記」。像刷牙、洗澡這種已經養成習慣的行為,絕對不會忘記,但剛開始嘗試新事物的時候,多數人都容易忘記。許多學員前來諮詢是因為沒辦法養成習慣,而幾乎所有人沒能繼續行動也是因為忘記。相信各位也有過因為忘記而沒採取行動,結果就不了了之的經驗。

假設將書寫筆記的時間訂在刷牙之後。即使每天刷牙的時間不一定,但如果設定鬧鐘,便能預防忘記寫筆記這項與自己的約定。

這並不是你跟我之間的約定,而是你與最親密的夥伴,也就是跟自己的約定。

課程中我經常請學員做一件事:「請寫下五個對你而言最重要的人。」99% 的學員都不會寫自己。這表示各位沒有把焦點放在自己身上。我想大部分的人都不會忘記與重要的人的約定,卻總是把別人看得比自己重要。

在這 49 天中,我希望你將自己擺在第一順位。只要將自己放在第一位,49 天後一定會進化成懂得遵守與自己約定的人。遵守與自己的約定,就能成為堅持不放棄的人。

打開這本筆記，閱讀完文章，回答每天的問題，任何人都辦得到。雖然是任何人都能輕鬆做到的事，卻很少人能持續下去。這就是你的機會所在。

這本筆記不需要給別人看，可以盡情寫下自己所想、所感，不需要隱藏。有些人會寫出許多否定的句子，也沒關係，因為那正是真實的你。

未來成為現實後，就會變成「現在」。如果你總是無法肯定現在的自己，不管將來變得多棒，還是無法肯定自己。

或許現在的你，距離理想中的自己還有很長一段距離，但一切只能從最近的目標開始執行。只要一步一步、穩健地向前走，我可以保證 49 天之後將會產生明顯的變化。

①決定每天寫筆記的時間，填入下一頁的空格。
②決定時間之後，短期內先設定手機鬧鐘，並將下一頁的 YES 選項圈起來。
③寫下今天發生的三件好事。
④寫下回顧今天的發現和感想。

以上就是今天的功課。希望明天能再見到成功踏出第一步的你。

Day 01　　　　　　　月　　日（　　）

① 寫筆記的時間。

我　　　　　　（姓名）一定會在　　　　　　（時間點）
寫筆記。

② 是否已經設定手機鬧鐘？

YES ／ NO

③ 寫下今天發生的三件好事。

（例）很開心打開了這本筆記，並完成了今天的功課。

1.

2.

3.

④ 寫下回顧今天的發現和感想。

Day **02**

決定自己想獲得什麼成果

很開心今天又與各位見面了。當然我們並沒有實際見到面，不過我是帶著與你面對面交談的心情撰寫這本書。

寫完 Day 01 的筆記之後，各位有什麼感想呢？

「沒辦法順利寫出心裡所想……」

「寫很少字……」

「這樣寫對嗎……」

有些人會有上述負面的想法，但無所謂。

幾乎所有人都不願意面對自己的負面形象，所以會用各種藉口逃避行動。因為逃避是避免失敗最好的方法。

行動必然伴隨失敗的風險，而且失敗的次數通常會多於成功。大家都知道愛迪生的失敗故事，能夠獲得成功的，都是對失敗抗壓性較高的人。

我們從小到大接受的教育，都是先預設好標準答案，再將所有人引導過去，因此大家會認為所有事情都有標準答案。即使我們很清楚「根本沒有所謂的標準答案」，內心深處還是會忍不住

追求標準答案。

也因此，很多人在看見標準答案之前，不願意採取行動。

雖然採取行動可能導致失敗，但失敗卻會帶來成長這項報酬；而不採取行動雖然不會失敗，卻會使自己停滯不前。

如果心中希望有所改變，卻又恐懼失敗，就等於選擇維持現狀。

聽說很多人在臨終前都會感慨：「早知道當初應該更勇於嘗試。」我想各位心裡某個角落就是不希望自己變成那樣，所以才會買這本書。

失敗確實非常可怕，但更可怕的是死前說出「如果當初多嘗試就好了」這樣的話吧？

我也經常感到恐懼。像是寫這本書，一定會受到批評，也有可能賣得很差而讓出版社傷透腦筋，結果就沒有下一本了⋯⋯如果不想承受這種恐懼，我也可以選擇不寫，但這種自以為是的想法，其實只是為了保護當下的自己。

同時我也思考，寫書能為自己帶來怎樣的未來？究竟哪一種選擇才不會讓自己後悔？而各位現在正在閱讀這本書，代表我最終選擇了寫書而獲得的未來。

今天的主題是「決定自己想獲得什麼成果」。寫完這本筆記之後，你想獲得什麼樣的成果呢？請誠實地將心中所想寫下來。

例如：

· 堅持寫完 49 天。

· 面對失敗的抗壓性變強了，開始挑戰新事物。

· 變得更喜歡自己。

· 開始敢主動開口打招呼。

像這樣，把希望獲得的成果都寫下來。

有時候我們無法坦誠地將心中所想化為文字。以前我也是如此，所以非常了解這種心情。不過筆記的內容只有自己看得到，如果無法坦誠面對自身，怎麼在他人面前展現出真正的自己呢？

心裡想著希望對方了解真正的我，卻連自己都沒辦法坦然面對自身。無法在自己面前展現出真正的自己，卻希望對方了解自己，這態度簡直傲慢至極。如果身邊有這樣的人，你願意與他親近嗎？

請將真正的自己寫在紙上。期待明天再見，謝謝你。

①希望透過本書獲得什麼樣的成果？把它寫在下一頁（想寫幾個都可以）。

②寫下今天發生的三件好事。

③寫下回顧今天的發現和感想。

Day **02**

月　　日（　　）

① 希望透過本書獲得什麼樣的成果？（想寫幾個都可以）

_____

_____

_____

_____

② 寫下今天發生的三件好事。

1. _____

2. _____

3. _____

③ 寫下回顧今天的發現和感想。

_____

_____

_____

_____

Day 03

主導者是誰？

　　進入第三天了，各位在昨天的功課寫下希望獲得什麼成果呢？或許有人因為只寫出一個而懊悔，但沒關係，重要的是體認到那就是現在的自己。很多人甚至連一個都想不出來就直接放棄，如果還想得到一個，只要能達成這個成果就好。

　　之後我會帶著大家慢慢往上調整，所以不須急於一時。一開始就列出太多，反而會不知道該集中哪一項，結果什麼都沒得到。所以只寫出少數幾項反而是好的。

　　而且現在列出來的成果，在這 49 天內都可以修改。過程中或許會發現「這一點做不到也無所謂」，或是「應該修改成這樣比較好」，所以即使擬定好，也是可以修改的。請隨時檢視成果，調整到最理想的狀態。

　　現在請先翻回前一頁，確認一下自己想獲得什麼成果、這些成果在 49 天後是否能夠達成。

　　這是什麼意思？

　　假設目前月薪 30 萬日圓、完全沒有學過商業知識的人，在筆記寫下：「49 天後我要靠自己的事業達成月薪 100 萬日圓！」雖然不能說百分之百不可能，但實現的機率應該很低吧。

請確認想要的成果是不是雖然現在做不到，但在 49 天之後可以達成的。確認完在這頁貼上便利貼，每天閱讀之前先複習一下自己想獲得的成果。

Day 01 提過，人之所以無法採取行動，是因為「忘記」行動、「忘記」自己想獲得什麼成果。如果我們能預測「忘記」這個失敗因素，就能事前做好準備。

想預防失敗，預測和準備非常重要。當然，即使做好充分的預測和準備，還是可能因為事前沒預測到的原因，而導致最終以失敗收場。

如果失敗已經發生，也沒辦法，只能趕緊處理，避免傷口繼續擴大，並擬定因應對策，做好不重複犯錯的準備，再接著實踐。能做到這樣的話，失敗就會變成一種學習。

今天的主題是「主導者」。所謂主導者，指的是不仰賴其他人的意見或第三者的指示命令，完全根據自己的判斷和想法採取行動的人。主導者的根本，在於自我承擔。即使行動結果不如預期，責任也都歸咎於自己。

就算是不可抗拒的因素，也應該反省自己是否準備得不夠周全，並反應在下一次的行動上。

舉行講座時，我都會在一開始問大家想獲得什麼成果、與這項成果最相關的主導者是誰，每次都會得到以下答案。

「是橫川老師。」

「是一起上課的其他學員。」

聽到答案後，我會接著反問：

「為了讓我投入你設定的成果，主導這一切的人會是誰？」

這時學員才會發現，真正的主導者是自己。

那麼現在回過頭來請教各位，若要獲得期望中的成果，必須由誰擔任主導者並採取行動呢？請寫下這個人的全名。寫下全名的用意，在於明確劃分責任歸屬。

我想沒有人會在簽訂合約書時署名「自己」吧。為了獲得期待中的成果，請在這裡簽下與主導者之間的合約。以下是今天的功課。

① 若想獲得 Day 02 設定的成果，主導者將會是誰？請寫下這個人的姓名。

② 寫下今天發生的三件好事。

③ 寫下回顧今天的發現和感想。

那就先這樣了，明天再見。

Day 03

月　日（　　）

---

① 若想獲得 Day 02 設定的成果，主導者將會是誰？請寫下
　　這個人的姓名。

② 寫下今天發生的三件好事。

1.

2.

3.

③ 寫下回顧今天的發現和感想。

Day 04
你願意花多少心力？

進入第四天了。俗話說：「三天打魚，兩天晒網。」剛開始嘗試某件事情的時候，幾乎所有人都撐不過三天。許多學員說自己沒辦法持續下去、沒能養成習慣，但其實每個人天生就具備持續與習慣的能力。

舉例來說，自從新型冠狀病毒 2020 年開始流行，所有人都戴著口罩外出。在那之前，大家或許只有冬天或感冒才會戴口罩出門吧？

撰寫本書時正值 2021 年夏季，即使是每天氣溫都超過 30 度的酷暑，大家出門也還是戴著口罩。就算日本政府有明文公告「為預防中暑，若能確保兩公尺以上的社交距離，無須配戴口罩」，大家還是乖乖戴著。

2020 年起大家開始每天戴口罩，久了就逐漸養成習慣，戴口罩變成理所當然，許多人甚至覺得沒戴口罩很奇怪。

只要是這幾年養成戴口罩習慣的人，一定就能靠自己養成某種新習慣。

或許你會想：「那是被強迫的啊！」既然這樣，就把想養成的習慣，想像成強迫自己每天都要做的事就好了。

那麼，由誰負責強制執行呢？答案非常清楚，就是主導者，也就是你自己。

戴口罩的強制力是他人與世俗的眼光。

「其實我根本不想戴口罩，但不戴的話可能染疫，又會再傳染給別人。」

「不希望因為沒戴口罩而被人排擠。」

或許動機偏向負面，但因具備強大的動力，所以我們才能持續戴著口罩。

只要有**強大的動力**，<u>就絕對不會忘記</u>，你會優先採取行動，而且能持續行動並養成習慣。

請回想一下 Day 02 設定的成果。為了實現這項成果，你願意花多少心力？今天的功課就是將這個心力換算成數值（百分比）。

現在的你全身充滿動力，數值應該超過 100％ 吧。但實際上，舉辦講座時，很少有學員寫出 100％ 這個數字。

「80％。」

「50％。」

「20％。」

因為想有所改變而參加講座，卻說自己沒辦法花 100％ 的心力在這上面，各位不覺得奇怪嗎？詢問之後，我發現每個人幾

乎都說一樣的話：

「如果花 100％心力去做，勢必得犧牲目前手邊的事情，感覺很恐怖⋯⋯」

這世界很公平，每個人一天都是 24 小時。**想嘗試新事物，就必須犧牲某些事情。**但大多數人不願意這樣做，而選擇維持現狀。

如果你真的想改變現況，就會願意將這件事放在第一順位，為了達到成果而採取行動。

對你來說，最應該優先採取的行動是什麼呢？就是每天在固定的時間打開這本筆記。打開筆記，確認自己想獲得什麼成果，完成每天的功課。持續 49 天之後，你就會進化成具備持續力的人。

以下是今天的功課。

---

①為了達成 Day 02 設定的成果，你覺得自己願意花幾％的心力做這件事？

②寫下今天發生的三件好事。

③寫下回顧今天的發現和感想。

那就先這樣了，明天再見。

Day **04**

① 為了達成 Day 02 設定的成果，你覺得自己願意花幾％的心力做這件事？

（例）我橫川裕之，為了寫完整本筆記，願意花 100％的心力做這件事。

② 寫下今天發生的三件好事。

1.

2.

3.

③ 寫下回顧今天的發現和感想。

Day 05
即思即行

　　進入 Day 05 之前，請先確認 Day 02 設定的成果。為了讓成果成為現實，你將成為主導者，並花費 100％以上的心力去做這件事。

　　回顧過去的人生，並把它文字化，你是否曾經成為主導者，並且發揮超過 100％的心力嘗試某些挑戰呢？我想，對大多數的人來說，都是第一次。

　　很多人問我：「可以實現成果和無法實現的人，兩者之間究竟有何不同？」我可以肯定地告訴各位，投入的心力不同。無法實現成果的人，根本不認為自己可以，所以只要遭遇失敗，就會忍不住自責「反正我就是沒辦法」「反正我就是什麼都做不好」，並從此放棄。

　　而能實現成果的人，不管遭遇多少失敗，都可以從中學習並加以改善，不放棄，持續行動直到成功的那一刻。即使在設定的時間內以失敗收尾，也會重新設定新的期限，繼續挑戰。

　　舉例來說，接下來你可能有幾天實在空不出時間打開這本筆記，但就算沒辦法寫，也不可因此自責，只要若無其事地繼續寫下去就好。每天持續書寫確實非常重要，雖然重要，但這

不是本書最大的目的。本書最大的目的，是讓你成為將目標變成現實的人。

今天的主題是「即思即行」。這個詞是我自創的，意思如字面所示，「有了想法，就立刻實行」，也就是養成行動的習慣。

正在閱讀本書的你，應該會將行動的門檻設得比較高。例如打掃，是不是一定要把家裡掃得一塵不染，否則絕不罷休呢？

為了躲避打掃，大腦會想出對自己有利的藉口，像是：「沒有時間，而且還有其他事情要做。不打掃也沒關係。」讓你被說服。

若不想被說服，在這種念頭冒出來之前先採取行動就好。關鍵就在於即思即行。

為了即思即行，首先請你寫下三件一直很想做卻還沒做的事，對其中一件事即思即行，接著在進入 Day 06 的主題之前，將這三件事情完成。

三件事情不必和設定的成果有直接關聯。以剛剛的打掃為例，當然其他事情也可以。這裡要將焦點放在，讓自己成為「一想到就馬上實行」的人，所以請各位從身邊簡單的小事，如倒垃圾或整理書櫃做起。

以下列出幾個例子作為參考。

· 在 Facebook 發文。
· 上傳影片到 YouTube。

· 出門去郵局寄信。

· 燙衣服。

· 將桌上的書收回書櫃。

或許你會覺得，做這麼簡單的事有什麼意義？但如果無法採取行動做簡單的事，怎麼可能採取行動做困難的事情呢？

停止行動最大的敵人不是別人，而是自己。因為不論身邊的人怎麼說，受到冷嘲熱諷之後決定停止行動的，是你自己。

身為主導者，就代表所有的責任自己扛。

以下是今天的功課。

①寫下三件一直很想做卻還沒做的事情，並在明天實踐。
②想完成這三件事情，關鍵人物是誰？寫下這個人的全名。
③你願意花幾％的心力做這件事？
④寫下今天發生的三件好事。
⑤寫下回顧今天的發現和感想。

那就先這樣了，明天再見。

Day 05

月　　日（　　　）

---

① 寫下三件一直很想做卻還沒做的事情，並在明天實踐。

② 想完成這三件事情，關鍵人物是誰？寫下這個人的全名。

③ 你願意花幾％的心力做這件事？

④ 寫下今天發生的三件好事。

1.

2.

3.

⑤ 寫下回顧今天的發現和感想。

Day 06

認同每個小小的行動

　　打開這一頁時，相信各位已經完成昨天的功課。如果還沒有，請先將三件事做完，再回到 Day 06。

　　或許你會想，就做這麼一點小事，怎麼可能有什麼變化？但功課的目的，在於打造隨時起而行的自己。

　　所謂成果，都是由小小的行動累積而來。相反地，**如果沒有累積這些小小的行動，是不可能有成果的**。

　　「希望成為這樣的自己！」「希望打造這樣的未來！」「這件事一定要成功！」如果你遲遲未能付諸行動，就算已經將具體的想法以文字記錄下來，也不可能實現。

　　你是司機，正開著車朝自己描繪的未來前進，而你願意付出的心力就是這部車的動力。當你踩下油門，也就是採取行動，車子就會往前跑。可惜這部車並沒有自動駕駛功能，你必須坐在駕駛座，雙手握著方向盤、腳踩油門，車子才會持續前進。

　　中途累了當然可以休息，有時也必須停下來加油，但是沒有任何人能代替你開車，所以不能停下腳步。

　　而即使已經採取行動，也不會立即看到成果。例如高中前

兩年都在玩社團，直到高三的第二學期才開始準備大學入學考試，這樣追得上一直努力念書的同學嗎？除非你是天才，否則絕不可能。

但如果能持續累積小小的行動，例如每次背一個英文單字，小小的行動就會變成很大的力量，最終帶領你考上理想的大學。

「這麼小的行動真的可以嗎？」我能理解質疑的心情，但如果連這麼小的事情都沒辦法立刻動起來，是不可能成就大事的。

所以今天要請大家做的是，**「認同」藉由累積小小的行動來成就大事的自己**。人就是這樣，獲得他人認同之後，會更有動力做事。那要由誰認同誰？要認同的對象，就是這五天確實執行即思即行的自己。

有些人會驚訝：「什麼？自己認同自己？」請放寬心，盡情認同自己吧。這種認同自己的能力，稱為「**自認力**」。

因為你確實努力過，所以大可盡情地認同自己，不用客氣。我知道很多人內心會忍不住因為「就這麼一點行動而已」而產生抗拒。那麼，你認為什麼樣的行動才值得被認同呢？

會產生抗拒，是因為以前幾乎不曾認同自己，對嗎？你是否經常想「為什麼我只能做到這樣」，而否定自身呢？否定自己，能帶給你任何收穫嗎？

眼前所見的一切，就是被你不斷否定之後累積的現實。

你一定想改變這種現況，否則不會買這本書，也不會按部

就班寫到這一頁。想改變現況，就從今天開始停止否定，學習認同自己的一切吧。

如何認同自己？首先請翻回 Day 05，在寫下的三件事情上，用紅筆用力畫圈。把整頁都畫滿代表正確解答的紅色圈圈也沒關係。有時間的話，就再把 Day 01 ～ Day 04 也都畫滿圈圈。

我想大部分的人都不曾這樣嘉獎自己，所以會有些猶豫，記得將心情記錄在今天的筆記裡。

以下是今天的功課。

---

①在 Day 05 已經實行過的項目畫上代表嘉獎的紅色圈圈。

②執行即思即行的過程中，你發現什麼？畫紅色圈圈的過程中，發現了什麼？將這些想法寫下來。

③寫下今天發生的三件好事。

④寫下回顧今天的發現和感想。

那就先這樣了，明天再見。

Day 06

月　日（　　）

① 在 Day 05 已經實行過的項目畫上代表嘉獎的紅色圈圈。

② 執行即思即行的過程中，你發現什麼？畫紅色圈圈的過程中，發現了什麼？將這些想法寫下來。

③ 寫下今天發生的三件好事。

1.

2.

3.

④ 寫下回顧今天的發現和感想。

Day 07

回顧 Week 01

這週辛苦了。某位帶領數萬名學員的老師，曾經說過這樣的話：

「學習一件事卻不加以實踐的人占 80%，願意嘗試看看的人占 20%。在這 20% 的人裡面，能持續實踐一週的，只占其中一成，也就是 2%。能持續執行一週的，在一百人裡只有兩人。」

能讀到這段文字，表示你也是這 2% 之中的人。幾乎每個人都只用想的，告訴自己「我好想改變、好想改變」，實際上沒有任何動作。

但是你不一樣，你已經連續七天、持續了一週。從事不熟悉的事物，剛開始一定非常辛苦，心中也會不斷冒出「為什麼我得每天寫這些」的念頭，但你還是勇敢地排除大腦發出的訊號，堅持寫完一週。

讀到這裡，或許你會想：

「不過就是一週，有這麼誇張嗎？只要打開筆記寫一寫，任何人都辦得到啊。」

事實上，大部分的人都做不到這種任何人都辦得到的事情。正確來說，是不願意做。如果連任何人都做得到的事情都不願

意做，怎麼指望改變自己、改變人生呢？

　　所有坊間的自我成長書籍都非常強調「行動」。無論腹中有多少知識，如果不能運用在日常生活，不論是自己或人生，都不可能改變。只有你，**才能開創人生、開創自己**。請千萬不要忘記這一點。

　　今天的主題是回顧過去一週。之後我們會在每週的最後一天，回顧過去一週，讓各位在途中稍作停留，確認自己是否朝著正確的方向前進。

　　舉例來說，對於模擬考試的分數和全國總排名斤斤計較的學生，成績不會進步。分數和排名可以看出現在的實力，但模擬考更重要的是確認自己還有哪裡不懂、為什麼這題會寫錯、如何避免在同樣的地方犯錯。這樣的回顧與反省，才能讓自己成長。

　　各位在過去一週嘗試了每天書寫筆記，做這件過去不曾做過的事情，應該有點累了吧？以前沒做過，覺得累也是理所當然。

　　如果不覺得累，表示你靠過去的能力就能完成，代表沒有獲得成長。就好像肌肉都是在痠痛中練出來的一樣，肉眼看不見的成長，是經由精神疲勞的過程鍛鍊出來的。

　　如果有人說：「我想練肌肉，但不想肌肉痠痛。」這樣練得出來嗎？我想答案是否定的。同理可證，如果不經歷精神疲勞，你就無法獲得成長。

首先請盡可能寫下過去一週覺得很棒的事情。

例如：

‧努力堅持了一週。

‧累積了超過二十件覺得很棒的事情。

‧帶著正面情緒去上班。

‧做了幾件之前一直提不起勁付諸行動的事情。

請將覺得很棒的事情，以文字敘述的方式記錄下來。

接著反問自己：「如果可以重來，我想怎麼做？」並將答案寫下。

無論你這週過得多麼完美，一定還有改善和調整的空間。如果你覺得完美到沒有任何改善的空間，就表示你認為自己的人生已經沒有成長的因素了。

這個問題並沒有標準答案，請自由寫下任何所想到的。

以下是今天的功課。

---

①回顧 Week 01，有什麼好事發生嗎？將想到的都寫下來。

②如果 Week 01 可以重來，你想怎麼做？將想到的都寫下來。

③寫下回顧今天的發現和感想。

那就先這樣了，明天再見。

Day **07**

月　日（　　）

....

① 回顧 Week 01，有什麼好事發生嗎？將想到的都寫下來。

_____

_____

_____

_____

② 如果 Week 01 可以重來，你想怎麼做？將想到的都寫下來。

_____

_____

_____

_____

③ 寫下回顧今天的發現和感想。

_____

_____

_____

_____

memo

Week

02

明確指出問題

Day 08

決定一週的終點

　　進入第二週了，希望各位繼續和我一起努力。本週也一樣請先確認自己想達成的目標再開始。目標可以一直修正沒關係。

　　如果你帶著「訂好的目標不可以改變」的刻板想法，會覺得改變目標有些困難。就是這種想法造就了目前的你。刻意學習改變，才能打造不同於以往的人生。

　　這是你的人生，不須顧慮他人。**在這 49 天中，請放手去做以前從未嘗試過的行動。**

　　昨天的回顧如何？特別是「如果可以重來」，對你來說或許是第一次的挑戰。

　　回顧過去的一週，你會注意到自己沒有做到的事情。過去的事，懊悔也沒有用，但若置之不理，同樣的問題還會再發生。就好像昨天舉例的模擬考，因為認真思考如何改善，知道同樣的問題再次發生的話，要採取怎樣的因應方式。

　　只要妥善處理，解決問題的可能性就會提高。有些事情或許一樣沒辦法解決，這時只要再拋出「如果還能重來」的想法，思考不同的因應方式即可。發生問題，就是成長的機會；相反地，如果都沒問題，表示你並沒有成長。

挑戰新事物，一定會出現問題和阻礙。只要事前預測這些問題和阻礙，並做好準備就可以了。不過，有時候就算做好萬全的預測和準備，還是會發生超乎預期的狀況。發生超乎預期的狀況，也表示自己能力不足，沒有精準預測到可能的情況。這部分正是未來成長的空間。

　　本週的主題是「明確指出問題」。不知道問題出在哪裡，不但無法解決問題，也無法進化或成長。

　　那麼，問題是怎麼發生的呢？以下是我對問題的定義。

　　所謂問題，就是「理想與現實之間的落差」。

　　設定目標並付諸行動時，一定會和現實產生落差，但只要每天一點點地消除落差，就會離目標越來越近。如果沒發生或沒發現問題，可能的狀況就只有兩種：不是目標已經實現，就是沒有目標。

　　如果不滿意自己的人生，表示目前還不是理想的人生，對吧？那麼，是什麼阻礙了你的理想人生呢？明確指出問題，讓自己看得更清楚，就一定能讓理想人生成為現實。

　　人生的範圍太廣，很難跳脫出來思考，因此今天的功課就是設定一週後的目標。明天再來過濾，看看這個目標會遇到什麼樣的問題。

　　今天設定目標只有一個條件，就是一定要在一週內完成。如果一週後能達成目標，表示你可以藉由行動，讓順利達成目標的「未來」化為現實。

設定目標的時候，不能設定每天刷牙這種本來就已經在做的事。著眼於本來就在做的事情，對成長沒有任何幫助。

例如：

・看三部一直很想看但沒時間看的電影。
・跑十公里。
・製造三次在公眾面前說話的機會。

像這樣，設定幾件之前從沒做過、可以在一週內做到的事情，並且一定要做到。設定幾個都沒問題，在能力可及範圍內即可。

以下是今天的功課。

①設定並寫下幾個一週內一定能達成的目標。
②寫下今天發生的三件好事。
③寫下回顧今天的發現和感想。

那就先這樣了，明天再見。

Day **08**

月　　日（　　）

① 設定並寫下幾個一週內一定能達成的目標。

② 寫下今天發生的三件好事。

1.

2.

3.

③ 寫下回顧今天的發現和感想。

Day 09

明確指出朝目標努力時會遇到的問題

　　昨天設定好目標之後，今天採取了多少行動呢？我曾經遇過一天就達標的人。達成目標當然是好事，但一天就完成也可能是設定的門檻太低。

　　許多人設定完目標，隔天不會採取任何行動。原因不外乎，「反正一定會達成，不差這一天」。

　　但一週之後，還是無法達成目標。

　　這些未達標的原因有：

　　・臨時出差，空不出時間……

　　・突然發燒所以一直在昏睡……

　　・本來打算哄睡孩子後再做，結果不小心跟著一起睡著……

　　我聽過各式各樣的原因。明明設定的是絕對會完成的目標，卻還是很多人沒能做到。舉辦講座時，我會預設部分學員無法達到目標，但這次無法面對面確認所有人都完成目標，因此先列出一些無法達標的因素，幫助大家不重蹈覆轍。

　　請翻回上一頁，重新確認自己寫下的目標是什麼。接著請思考，**這個目標是不是不管發生任何事情也都一定能達成？**即使突然發燒也能達成嗎？即使陪睡時不小心睡著，或晚上沒時

間也能達成嗎？

　　說來不可思議，當我們想挑戰新事物時，幾乎都會發生某些意想不到的狀況，最典型的就是身體不舒服。請大家思考一下，這個目標是不是在身體不舒服的狀態下也能達成呢？

　　相信各位過去都有挑戰新目標的經驗，而且大部分以失敗收場，留下悔不當初的回憶。或許有人想：「再也不想讓自己這麼難堪了！」於是開始逃避，不再設定目標。但即使如此，你還是不願意自暴自棄，所以才會每天打開這本筆記，不斷挑戰自我。我說的沒錯吧？如果輕而易舉就能達成目標，就不會被這本筆記吸引了，而且即使受到吸引，也不會從第一天開始認真寫到今天。

　　相信你心中早已被植入「目標＝無法達成的事物」的程式，而這本筆記的作用之一，就是將這句話扭轉為「**目標＝可以達成的事物**」。筆記裡的所有功課，沒有一樣是你做不到的，但如果不堅持到最後，就無法扭轉這個程式。

　　今天要請你預測未來六天內可能發生的問題，寫出來並做好準備。例如設定自己可能會遇到的問題是，「突然被朋友約去吃飯」。如果是以前，你會選擇出去吃飯，但真正應該被放在第一順位的，是出去吃飯嗎？不是吧？如果你決定要有所改變，就算必須斬斷過去自己建立的人脈，也應該把達成目標放在最優先考量的位置。許多人做不到這一點。不過，只要先預測可能會遇到的問題，準備好解決方式並確實執行，克服問題的機

率就會變高。

發生問題時，優先處理問題，但很多人將問題的優先考量順位往前移了之後，就會忘記原本的目標。前面也提過，無法達成目標最大的原因在於「忘記」，所以要事先做好預測和準備，預防自己忘記。

想好可能發生的問題和因應的解決方式之後，在每個句子前面加上「如果」兩個字。以前文提到的朋友約吃飯為例，可以這樣寫：

　　‧如果有人約我出去吃飯，就告訴對方那天已經有約了，
　　　並拒絕出席。

請盡量多寫幾種可能的狀況。先設定問題，想出解決方法，將整個過程用一句話總結。

以下是今天的功課。

①達成目標的過程中，可能會出現哪些問題？要如何因應、解決？
②將上一題的問題和解決方式用「如果」開頭的句子寫下來。
③寫下今天發生的三件好事。
④寫下回顧今天的發現和感想。

那就先這樣了，明天再見。

Day 09

月　日（　　）

① 達成目標的過程中，可能會出現哪些問題？要如何因應、解決？

② 將上一題的問題和解決方式用「如果」開頭的句子寫下來。

③ 寫下今天發生的三件好事。

1.

2.

3.

④ 寫下回顧今天的發現和感想。

Day 10
回顧自己的失敗模式

　　昨天完成了設定可能會發生的問題，並思考因應的解決方法這項功課。或許問題沒有發生，不過就算發生，也可以依原訂計畫實現目標。做這個練習時，如果問題超出預測範圍，代表你預測問題的能力不足；如果在設定問題的過程中，已經發現目標不可能達成，請立刻改變目標。

　　問各位一個問題。

　　你是否可以馬上說出 Day 08 設定的目標？如果說得出來，表示記得；說不出來的話，代表不記得，也就是忘記了。

　　之前提過很多次，無法達成目標的原因都是「忘記」。因為忘記，所以沒有採取行動；因為沒有採取行動，所以無法達成目標。以文字記錄下來之後，事情被記住似乎變得理所當然，但人就是會忘記。

　　聽說看到流星時，只要在三秒內說出願望，心願就能實現。這個傳說的前提，必須是願望已經內建在心中才行。做任何事情，我們必須以自己會忘記為前提去做。各位將會發現，本書將不斷重複幫助你不忘記、幫助記憶的方法。

　　今天的主題是「回顧自己的失敗模式」。回想一下，你會

發現過去失敗的原因非常相似。例如：

· 設定目標之後就忘記了。

· 剛開始非常努力，把自己搞得喘不過氣，過陣子猛然發現自己已經不再努力。

· 爲了得到讚許而設定目標。

· 不知道爲什麼經常感到身體不舒服。

· 常聽身邊的人說：「不用這麼拚吧？」因而怠惰。

· 忘記原本要做的事情，又排定別的計畫。

　　請多花一些時間，仔細回想過去的失敗模式。因爲已經形成既定模式，表示之後一定會發生類似的狀況。

　　但現在你已經知道如何因應了，方法就是「如果可以重來」，也就是 Day 07 的功課。相較於過去失敗的你，現在你有更多成長。希望各位能養成「面對當時的失敗，如果是現在的我會這樣做」的能力。

　　如果不針對過去失敗的經驗加以改進，最終還是會以失敗收場。如果我們能從過去的失敗得到經驗和成長，並從中獲得成功，整件事情就會被扭轉爲「想獲得成功，過去的失敗經驗不可或缺」。

　　或許有人覺得回想失敗的經驗實在太痛苦──確實如此，但各位不就是想改變無法從失敗中記取教訓的模式嗎？如果想

藉由失敗經驗改變自己，就算再痛苦，也必須面對。

過去的失敗都是未來的教材。回想自己的失敗經驗，並加以過濾，重新思考現在的你會怎麼做。

只要成功，就能獲得相對應的報酬；即使失敗，也能得到成長與學習。採取行動後，或許會成功也會失敗，但不論如何，都是對你有益的。

因為害怕失敗，所以什麼都不做的話，當然不會失敗，但也不可能成功，更不會從失敗中成長與學習。沒有成長，只會越來越退步。

如果是你，會如何選擇呢？會選擇逃避功課，越來越退步？還是勇敢面對失敗，而不斷成長？無論選擇哪一條路，都是各位的自由，而你的選擇，也將造就未來的人生。

以下是今天的功課。

①回顧過去的失敗經驗，如果是現在的你，會怎麼做呢？
②找出所有失敗的共同模式，並寫下來。
③寫下今天發生的三件好事。
④寫下回顧今天的發現和感想。

那就先這樣了，明天再見。

Day **10**

月　日（　　）

① 回顧過去的失敗經驗，如果是現在的你，會怎麼做呢？

② 找出這些失敗的共同模式，並寫下來。

③ 寫下今天發生的三件好事。

1.
2.
3.

④ 寫下回顧今天的發現和感想。

Day 11

是否察覺維持現狀機制？

已經過了十天，今天是第十一天。昨天和前天，連續兩天請各位找出可能會發生的問題，也擬好因應對策，我想你已經針對這週設定的目標確實採取了行動。

今天的主題是本書一開始提到的「維持現狀機制」。或許你已經發現，人之所以停止行動，真正的原因在於維持現狀機制。即使心裡「想成功」「想達成目標」「想改變自己」，但另一個自己，為了保護自身不受變化影響，會努力維持現狀，於是讓各種問題浮現出來試探我們。

舉講座學員的例子和各位分享。有位男性學員在講座期間挑戰戒菸，原本他一天要抽二十幾根菸，但為了健康著想，想著該戒了。

開始戒菸之後，公司裡一起抽菸的同事接連跑過來跟他說：「明天再開始戒就好了啦。」「反正撐不了多久，一起抽吧。」雖然他努力拒絕大家，但在兩週後的某一場會議，絞盡腦汁也想不出好點子，同事說：「在會議室怎麼想得出東西，去抽根菸一邊想吧。」他拒絕不了這個誘惑，回過神才發現自己已經點起香菸抽了起來。

因為他所有精神都放在如何想出好點子，忘記自己正在戒菸，點菸的瞬間才又想起。「不小心又抽了……好不容易堅持到現在……算了，還是放棄吧。」於是他開始自暴自棄，那一天抽了好多根香菸。

　　因為我完全不抽菸，所以無法體會這種心情，但據說當時他心裡冒出了「活著真好，人生還是少不了香菸。為什麼我會想戒菸呢？」的想法，因而感覺心情十分痛快。不過這樣的痛快持續不了多久，他因為破壞了和自己的約定而沮喪，所以當天晚上就向我坦承這件事。

　　「這就是維持現狀機制啊。你戒菸兩週，以前一天要抽二十根，下意識已經習慣這件事，所以會想盡各種辦法讓你繼續抽。

　　「即使你今天不小心又抽了，大概就五根吧？以原本兩週抽二百八十根香菸來算，抽五根等於控制在原本的 1/56，已經非常了不起了。抽菸一點問題也沒有，但要選擇持續抽菸的壞處或戒菸的好處，是你自己要決定的。」

　　「抽菸的當下確實很痛快，但也沒想出好點子，還破壞了戒菸的決心，心情差到不行。為什麼那一瞬間我會忘記戒菸呢？」

　　「事情已經發生，就不要再想了。這次的經驗讓你學到維持現狀機制，在『如果能重來』的練習中，不要重複相同的錯誤很重要。一下子突然減太多也是原因，或許你可以試著循序漸

進地減，從一天只抽一根香菸，減成一週最多抽三根之類的。」

後來他在講座結束後兩個月成功戒菸，表示另一個自己已經習慣不抽菸了。

讀到這裡，或許你會疑惑：「為什麼老師明知道我們會失敗，卻不在一開始就建議我們循序漸進呢？」

原因非常簡單：為了讓你察覺。如果我一開始就告訴大家絕對會遇到維持現狀機制，你就無法學到東西了。

人都是從各種失敗中獲得成長。已經發生的失敗，就不用再想，重點是可以從失敗中獲得什麼。不妨回想一下自己的人生，從失敗中學到的應該遠遠超過從成功中學到的。

或許你接下來也會像這位學員一樣，遇到停止行動的狀況。之所以停止行動，並不是因為意志力薄弱，而是另一個你希望維持現狀，因此請不要自責，而是捫心自問：「如果可以重來，我會怎麼做？」

以下是今天的功課。

---

①請回顧過去的人生，曾經有過哪些維持現狀機制發生作用的經驗。例如：本來每天寫日記，從某天開始突然不寫了。

②寫下今天發生的三件好事。

③寫下回顧今天的發現和感想。

那就先這樣了，明天再見。

Day 11

月　日（　　）

① 請回顧過去的人生，曾經有過哪些維持現狀機制發生作用的經驗。

（例）本來每天寫日記，有一次喝完酒太晚回家，覺得寫日記好累就沒寫。從那天開始就再也沒寫日記了。

② 寫下今天發生的三件好事。

1.

2.

3.

③ 寫下回顧今天的發現和感想。

Day 12

你認為世界正在發生哪些問題？

　　這週只剩三天，本週設定要達成的目標，目前進度如何呢？還剩下三天，我想應該沒問題的，你一定可以好整以暇地在一、兩天前就完成目標。

　　昨天請你回顧過去，察覺自己身上的維持現狀機制。每天累積行動，也能讓維持現狀機制的習慣逐漸改變。

　　請各位站在維持現狀機制的觀點，思考減肥復胖這件事。就算短時間內瘦了非常多，但維持現狀機制還沒習慣自己變瘦，所以會感受到危機，想恢復成原本的樣子。減肥復胖就是這麼一回事。

　　心中的惡魔不斷發出「都已經瘦這麼多了，吃一點沒關係吧」，和「給辛苦的自己一點獎勵」的聲音，聽起來像天籟一般。最後我們被這個聲音說服，吃得比減肥期間更多，結果體重馬上反彈。

　　那麼，到底該怎麼辦才好呢？建議大家不要把減重設為目標，而是假設維持現狀機制一定會出現，所以設定目標體重能維持多久就好。體重降到理想數字是中程目標，真正的目標還在前方。只要了解維持現狀機制的思考模式，設定的目標就會

跟著改變，爲了達成目標而採取的行動也會跟著變。

今天的功課和之前完全不同。之前我們把焦點放在自己身上，今天則把視野放寬，請思考全世界的問題。

一定會有人想：「管好自己都要費這麼大力氣了，爲什麼還要思考整個世界？」或「世界的事輪不到我來想，應該是總統的工作吧？」

我們活在這世上，卻覺得世界發生的事情與自己無關。雖然世界持續運作、轉個不停，但幾乎所有人都只想到自己，所以才會引發爭奪。

如果每個人都願意思考世界的事，就能實現沒有爭奪、互相扶持的世界了。當然，就算我們願意以現實的角度思考全球化問題，或許還是無法憑一己之力解決什麼。

但如果大家都把責任推到別人身上，事情就永遠沒有解決的一天。不應該是「因爲做不到所以選擇不做」，而是要找到做得到的事並付諸行動。而我能做到的，就是提出「爲世界思考！」的功課，引導各位思考並回答問題。

只要從自身做起，只要有越來越多人願意思考整個世界，我深信就會有越來越多人不假他人之手，全世界的人類都能懂得爲他人著想。

而且**我們的身體有著不可思議的編程能力，只要有越來越多人在關心自己之餘願意關心他人，就能夠發揮更大的力量**。

不妨找朋友一起懸空比腕力，比較一下兩種不同的情境。

一種是用力的時候大聲喊出「我為自己努力」，另一種是喊出「我為這個世界努力」。請對方告訴你，哪一種情境下可以發揮比較大的力氣。相信可以從中深刻感受到，想著世界的時候更能充分發揮力氣。

今天寫功課時不要想太久，大概想 1 分鐘就好。想的時間越長，就會想到更多不同的問題，但需要花時間想的，都不是平常就在心中的問題。請用短短 1 分鐘，將平常想到的寫下來。

另外要注意的是，回答問題的時候，每個句子都要以「我認為」作為開頭，因為某些問題對其他人來說可能不是問題。今天的功課是要寫出「你個人」認為的問題，所以記得一定要加上「我認為」。

以下是今天的功課。

---

① 設定計時器，在 1 分鐘內寫出你認為世界正在發生哪些問題。每個句子都以「我認為」作為開頭。
② 寫下今天發生的三件好事。
③ 寫下回顧今天的發現和感想。

那就先這樣了，明天再見。

Day **12**

月　　日（　　）

① 設定計時器，在 1 分鐘內寫出你認為世界正在發生哪些問題。每個句子都以「我認為」作為開頭。

（例）我認為所有人類都不思考整個世界的事情，這是一個問題。

② 寫下今天發生的三件好事。

1.

2.

3.

③ 寫下回顧今天的發現和感想。

Day 13

放任問題不管的話會怎麼樣？

這週只剩下兩天了，Day 08 設定的目標已經達成了嗎？每次舉辦講座時，我都會對這階段的學員說：「如果已經達成，就給自己畫上代表滿分的紅色圈圈；如果尚未達成，明天就把達成目標這件事放在第一優先。」

許多學員聽了之後會有以下反應：

「明天有件非處理不可的工作……」

「明天已經和家人約好了……」

當然，每個人都有事先安排好的行程，但安排這些行程的，是想有所改變的你。把事先約好的行程放在優先順位，表示你選擇了「不要改變」。

維持現狀機制會讓你把不要改變放在前頭，為你準備各種突發狀況。是不是很有趣呢？

我早就料想到會有這種狀況，所以在 Day 09 列出問題及因應對策，接著在 Day 10 告訴各位，想改變目標也沒關係。如果今天還沒達成目標，只有兩種可能：一種是沒有仔細閱讀，另一種則是你以為讀懂了但其實沒有。

不過，還有一點時間。今天的功課結束之後，還有時間可

以繼續執行。對自己設定的目標，你可以堅持到什麼程度呢？這就是維持現狀機制給你的考驗。

相反地，如果你已經達成目標，或許會覺得上面這段文字與自己無關：「我都已經達成了，爲什麼還要花時間讀這些給沒達成目標的人聽的話？」

俗話說「見賢思齊，見不賢而內自省」，以上這番話，是希望藉由實際的例子，讓各位能更理解維持現狀機制會在什麼時候出現。

想說的話很多，但每天分配到的文字量和版面都有限，也考量整本書的總頁數，因此沒辦法把所有想說的都放進來。所以，我只能盡量篩選出必要的內容，可說是沒有一點贅言。

正因如此，我不希望你抱持「這跟我無關」的想法。相信你也有相同的經驗，說不定將來也會遇到類似的狀況。所以可以藉由事先了解，改變今後設定目標期限和擬訂計畫的方法，訂立更容易達成的目標。

接著進入今天的功課。昨天已經寫過「你認爲世界正在發生哪些問題」，大部分人的答案其實都差不多，很多人會寫到以下五件事。

・可能會發生核子戰爭。

・貧富差距越來越大。

・環境破壞越來越嚴重，地球加速暖化。

．種族歧視越來越嚴重。

．許多人喪失生存的希望。

　　或許你也寫到其中一項。如果列舉出來的問題沒有獲得解決，就這樣放任不管，未來會變得如何呢？這就是今天的功課。

　　我們之所以能夠活在這世上，都要歸功於祖先遺留下來的許多無形、無名的遺產。將繼承自祖先的這些財產傳承給下一代的子孫，就是我們的使命之一。

　　但平常有多少人會在日常生活中思考到這一點呢？所有人每天為了生活汲汲營營，根本沒心思想到未來的子孫，但藉由這樣的功課，至少會在這個瞬間，花一些時間去想吧？

　　希望越來越多人開始有這種想法。這也是解決問題時能做的事情之一。

　　以下是今天的功課。

---

①如果 Day 12 想到的問題一直無法解決，就這樣置之不理的話，未來會變成什麼樣子？請設定 3 分鐘計時器，將你能想到的未來，以「我認為」為開頭的句子寫下來。

②寫下今天發生的三件好事。

③寫下回顧今天的發現和感想。

　　那就先這樣了，明天再見。

Day **13**　　　　　　　月　　日（　　）

(1) 如果 Day 12 想到的問題一直無法解決，就這樣置之不理的話，未來會變成什麼樣子？請設定 3 分鐘計時器，將你能想到的未來，以「我認為」為開頭的句子寫下來。

_____

_____

_____

_____

(2) 寫下今天發生的三件好事。

1. _____

2. _____

3. _____

(3) 寫下回顧今天的發現和感想。

_____

_____

_____

Day 14
回顧 Week 02

連續寫了兩週筆記，辛苦了。相信各位已經達成 Day 08 設定的目標。達成目標，亦表示將想法文字化，並成為現實。非常恭喜。

不過，當中應該還是有人無法完全認同。因為 Day 08 設定的目標，附加條件是絕對可以達成，所以有人會想：「只不過是做到絕對會達成的事情，成為現實也是理所當然的，不是嗎？」

本週練習的用意在於改變維持現狀機制的習慣。之前，你的維持現狀機制已經固化為，「目標＝未能達成的事情和想法＝未能成為現實的事情」，而我們要做的，正是將這個機制轉化為，「目標＝可以達成的事情和想法＝可能成為現實的事情」模式。

當維持現狀機制轉換成「目標＝可以達成的事情」之後，即使發生很難達成目標的突發狀況，維持現狀機制也會確實發揮作用，帶領我們達成目標。

維持現狀機制是日積月累而成，無法在 49 天內被轉換，但只要慢慢增加轉換的次數，最後還是可以成功。

曾有學員告訴我：「到底什麼時候會改變呢？如果事先知

道時間點的話，我會比較有動力。看不見終點在哪裡，就提不起勁，沒辦法努力。」或許你也有相同的想法，因為不知道終點在哪裡，所以提不起勁、無法努力。但這其實是因為不想改變，維持現狀機制便會讓我們想起許多無法改變的藉口，然後說服自己。

每個人從小生活在備妥標準答案的環境之中，總認為有人幫我們準備好答案是理所當然的。如果沒有別人備好的標準答案，就會感到不安而焦慮，有時還會將這種焦慮施壓在他人身上，要求對方給答案。

為了改變這種壞習慣，每個人都必須學習設定未來，並累積各種藉由行動使未來成為現實的經驗。不妨先從**絕對可以達成的目標開始做起，再慢慢提高難度**。

從下週開始，每天的功課不會出現當週目標，不過仍請自行設定並達成目標，從中累積「想像成為現實」的經驗。

就算目標沒有達成，也不可因此感到沮喪。知道自己的想法太過天真也是很大的收穫。這時可以稍微降低難度，下週再繼續挑戰。失敗為成功之母，將這週的失敗經驗運用到下週，而下週順利成功的話，成果便是來自於這週，失敗也就順利置換為成功了。

如果沒有重來，就會形成「失敗之後我無法再站起來」的維持現狀機制；而重來後成功，就會形成「即使失敗，我也能將失敗的經驗置換為成功」的維持現狀機制。想形成哪一種維

持現狀機制，由你自己決定。

這週的後半段，各位已經寫下認為世界會發生什麼問題。你花了多少時間像這樣思考全球性的事情呢？如果沒有花時間思考，表示你已經忘記。

我們每個人都是地球上的一分子。這意味著，我們的成長，也會帶動整個世界的成長。

下週的功課將要求你更深入強化與世界的連結。第三週結束後，你會感覺到自己與世界有更強的連結。在這之前，請仔細回顧第二週，再延伸到第三週。

以下是今天的功課。

①回顧 Week 02，有什麼好事發生嗎？將想到的都寫下來。
②如果 Week 02 可以重來，你會怎麼做？將想到的都寫下來。
③寫下回顧今天的發現和感想。

那就先這樣了，明天再見。

Day **14**   月　日（　　）

（1）回顧 Week 02，有什麼好事發生嗎？將想到的都寫下來。

（2）如果 Week 02 可以重來，你會怎麼做？將想到的都寫下來。

（3）寫下回顧今天的發現和感想。

---

memo

Week

03

我們與世界的連結

Day 15

你理想中的世界是什麼樣子？

進入第三週之前，請重讀一次 Day 13 寫的內容。我想各位寫的應該不外乎「人類滅絕」或「地球受到破壞」這類不願想像的未來吧？

把同樣的問題拿去問小孩，也會得到一樣的答案，但我們身邊幾乎沒有任何人在日常生活中帶著「再這樣下去人類就要滅絕」的危機感。就連正在撰寫這些文字的我也是，經常一不小心就忽略。

即使大家都知道人類正朝著危險的方向一步步邁進，卻總覺得事不關己，沒人把這當作自己的事情看待。因為不是自己的事，所以抱著「應該有其他人會處理吧」這種毫無根據的期待，然後袖手旁觀。

我想有些讀者的腦中會冒出最直覺的疑問：「那麼橫川老師又把哪些事情視為自己的事，又做了什麼呢？」我所做的，就是藉由寫書或舉辦講座，將訊息擴散出去，讓更多人知道我們不能只顧自己，要將眼光放向全世界。

經過兩週的練習，相信你已經開始將世界發生的問題當作自己的。如果不是的話，應該已經在上週就放棄這本書，將筆

記丟在一旁不顧了。

話說回來，為什麼我們會看見問題所在？先前提過很多次，問題就是理想與現實之間的差距。看見整個世界的問題，是因為你心中有一個「理想的世界」。心中沒有理想世界，就不會發現與現實之間的差距。而問題出現後，許多人會將焦點放在問題本身，但我希望你先釐清問題解決後的理想狀態，將焦點放在理想狀態上。

請憑直覺寫下目前你心目中的理想世界。

我心目中的理想世界，是每個人都願意將手中的富足分享給重要的人，只為了引領重要的人前往幸福。你猜對了，第一個最重要的人，就是自己。如果自己不幸福，就無法將幸福帶給其他人。那我們該如何感受幸福呢？首先要了解自己擁有的，接著將這些富足分享給他人。

分享富足之前，必須知道自己手上握有多少富足。將富足分享給需要的人，再以別人手上的富足彌補自己的不足。如果世上每個人都能抱持「將富足分享給他人是理所當然」的想法，相信我們就能將美麗的世界留給後代的子子孫孫。

至於你手上握有什麼富足呢？我將在 Week 04 帶領大家一起思考，敬請期待。

今天的功課請各位想到什麼就寫什麼。一定有人會認為寫這些會不會被笑，而感到不安。這種不安從何而來呢？相信聰明的你已經猜到，就是維持現狀機制。

過去你每天被生活壓得喘不過氣，幾乎不曾想過世界的事。而維持現狀機制也已經習慣這樣的模式，讓你在心裡產生「想世界的事有什麼用」的藉口，或許還進而讓你沒辦法做更多事、沒法用文字敘述。這時，只要將心中所想一五一十寫下來即可。

　　「理想的世界？我怎麼想得出來啦……我根本從沒想過自己手上有多少富足，而且寫下來有什麼意義？如果把理想的世界寫下來，人生就會因此改變，那我早就這麼做了。之前從沒試著思考什麼是理想的世界，叫我做這種從沒想過的事，怎麼做得到？理想，我的理想是什麼？嗯，或許這件事不太可能實現，但我倒是滿希望世界再也沒有戰爭，也沒有霸凌，人與人之間互相幫助。如果真的可以這樣的話，就太幸福了……」

　　像這樣把想到的一五一十寫下，也就是用文字將理想中的世界記錄下來。即使把自問自答的過程寫成文字，也是邁向理想世界的第一步。請多寫一些，盡量把下一頁寫滿。

　　以下是今天的功課。

---

①你理想中的世界是怎樣的世界？
②寫下今天發生的三件好事。
③寫下回顧今天的發現和感想。

　　那就先這樣了，明天再見。

Day **15**

月　日（　　）

① 你理想中的世界是怎樣的世界？

② 寫下今天發生的三件好事。

1.

2.

3.

③ 寫下回顧今天的發現和感想。

Day 16
若希望理想世界成真，
最重要的關鍵人物是誰？

　　昨天寫了理想中的世界，各位有什麼感想？即使剛開始想不出要寫什麼，不過相信在書寫過程中能看到心中所想逐漸浮現眼前。或許你什麼都想不出來，或是無法將心中所想全部寫出來。

　　幾乎沒有人一開始就振筆疾書。寫得很順的人，表示平常就在思考這些事；而平常不會思考這些的人，便遲遲寫不出來。寫不出來或許讓你感覺懊悔，但這懊悔將會成為助力。捫心自問的時候，心中會慢慢產生許多想法。不論是在上廁所、泡澡時，都可能突然冒出一些想法，記得要隨時筆記。

　　這個功課不會一次就結束，之後還會請你不斷更新。請大家有空的時候花時間思考一下理想中的世界。理想世界的輪廓越明確，越能引發你的實力。

　　各位是否在心中為「目的」和「目標」設定不同的定義呢？這兩個詞非常相近，許多人會混著用。如字面所示，**目的是指向標的**，也就是「你指向什麼？為了什麼做這件事？」的最終點；

而目標則是在朝著標的前進的過程中，為我們指引道路的標示。
請參考以下圖示。

現在　　➡　　目標　　➡　　目標　　➡　　………　　➡　　目的

　　這裡說的目的，和理想的世界意思相同。而為了讓理想世界成真，必須設定途中的目標，並逐一通過。

　　各位知道「倦怠症候群」嗎？舉例來說，經常聽說考生為了考上理想的學校而拚命念書，後來終於如願考上，卻因為從沒想過考上以後的事，反而不知所措。

　　不只考生，一般上班族也是。業務員都希望拿到很好的業績，接受公司表揚，在表揚大會上感受強烈的幸福感。但當表揚大會結束之後，努力的目的就消失了，即使想著希望能再次站上舞臺，並告訴自己要努力，卻沒辦法全心投入。因為接受過表揚，不但身旁的人寄予厚望，本人也有很大的壓力，所以就算心裡知道要再次站上舞臺，得採取行動，但身體卻動不起來。結果拿不出好業績，又太在意他人的眼光，搞到最後離職收場。

　　不論是考上理想的大學，或是當上業績王，其實都只是前往某個更遠大目的的途中景點而已。如果目的不夠明確，目標變成目的，就會看不清楚達成目標之後的未來是什麼樣子。

　　為什麼我要求各位一定要設定理想中的世界？這是為了幫助你更明確地訂出目的地，也就是使目的更加明確，以免迷失

自我。為了讓理想的世界成為現實，我們才會訂定「考上理想的學校」「拿到好業績」的目標。

即使如此，並非只要將理想的世界化成文字，就一定能成為現實。想讓理想的世界成為現實，最重要的是必須採取行動。

那麼，讓理想世界成為現實的主要關鍵人物是誰呢？你願意花多少心思使理想成為現實？什麼時候開始行動？理想的世界或許在你過世之後才會成為現實，但即使沒能成為現實，你也找到了願意花一輩子成就的某件事情。

有些人會想「我都已經這把歲數了」，認為年齡增長，能力會跟著降低，於是放棄。但事實剛好相反。目前的體力或肌耐力可能不如從前那麼好，但是知識和經驗呢？相較於過去應該增加不少才對。人類是不論幾歲都能持續成長的生物，這一點我非常確信。

以下是今天的功課。

---

①若希望理想世界成真，最重要的關鍵人物是誰？

②你願意花費幾％的心力使理想世界成真？

③寫下今天發生的三件好事。

④寫下回顧今天的發現和感想。

那就先這樣了，明天再見。

Day **16**　　　　　　月　　日（　　）

①　若希望理想世界成真，最重要的關鍵人物是誰？

②　你願意花費幾％的心力使理想世界成真？

・花費幾％？

・從什麼時候開始？

③　寫下今天發生的三件好事。

1.

2.

3.

④　寫下回顧今天的發現和感想。

Day **17**

目前擋在眼前的問題或障礙是什麼？

昨天的功課在第一週已經寫過，實際上是第二次做了。你已經堅持到今天，我想各位寫下的都是「自己、100％」，或是「100％以上、從現在開始」吧？

如果把關鍵人物設為其他人，要讓這個人動起來的關鍵人物一樣是你自己。如果寫的數字低於100％，表示你還沒準備好去做，也不會使理想世界成為現實。但如果不馬上採取行動，到底什麼時候才要開始呢？

回答得出這些問題的人，會將理想世界現實化落實在自己身上。找出世界的問題，並將其視為問題的，是你自己；抱持著「希望讓這樣的世界成為現實」的理想，也是你自己。

只有自己認為是問題，才有辦法靠自身的力量去解決。**發現問題，代表你賦予自己解決問題的任務。**

可惜的是，大多數的人即使看見問題，卻會因為「這不是目前的我能解決的」，將問題硬塞給他人。或許現在你還沒辦法解決問題，但可以找出自己做得到的，並採取行動。

只要主動發現問題，100％由自己主導的人越來越多，那麼即使世界上的問題很多，人類也能以更好的方法與形式、更有

活力地不斷進化。

第 82 頁提到我能做的就是藉由書籍等媒介，將訊息傳送出去，讓更多人知道這套方法。解決問題不能靠別人，只要越來越多人願意積極地動起來，所有人就能越接近理想中的幸福。

先前已經請各位思考過世界的問題，這次要請你思考擋在眼前的障礙與問題。為了與理想中的世界靠近，必須一步步排除眼前的障礙與問題；反過來說，如果無法排除眼前的障礙與問題，理想中的世界是不可能實現的。

各種障礙與問題的正前方，就是理想中的世界。也就是說，眼前的障礙與問題，不希望你記得自己與理想世界是相連的。

一旦忘記相連這件事，另外一個你，也就是維持現狀機制，就會出來搞亂並阻止，讓你產生以下的聯想：

「理想的世界？那是什麼？根本沒有人在追求這種東西吧。就算再怎麼努力，也不可能實現。而且就算不想辦法解決，以前也都是船到橋頭自然直。世界上開心的事情那麼多，不努力又有什麼關係？」

這種想法其實一點也沒錯，但這些選擇也因此造就了你和你的人生。如果一時心軟，被維持現狀的想法所迷惑，人生就不會有任何改變。

請隨時提醒自己，解決眼前的障礙與問題，理想的世界就等在前方。如此一來，解決越多問題，就離理想世界越來越近，並影響維持現狀機制。維持現狀機制以身體不適等抗拒行為表

現出來的同時，打造理想世界也變得理所當然，會在維持現狀機制試圖阻止我們時發揮作用，阻止其運作。

維持現狀機制不會在短時間內有急遽變化，而是藉由每天一點點的行動累積，慢慢改變。若希望維持現狀機制成為助力，就要一一排除出現於眼前的障礙與問題。

各種障礙與問題會綁住我們的手腳，使我們動彈不得。首先要請各位做的，就是盡可能填滿下一頁。

寫完之後，從中選出最應該馬上解決的問題，並思考解決方法；接著選擇其中一個方法，明天馬上執行。這小小的一步將會帶領你前往心中的理想世界。

以下是今天的功課。

---

①有哪些障礙與問題擋在你的前方？把想到的都寫下來，填滿下一頁的欄位。
②從①的答案中選出最應該解決的一個問題，並思考幾個解決方法。明天從中選擇一個並馬上執行。
③寫下今天發生的三件好事。
④寫下回顧今天的發現和感想。

那就先這樣了，明天再見。

Day 17

(1) 有哪些障礙與問題擋在你的前方？把想到的都寫下來，盡量填滿整個欄位。

(2) 從①的答案中選出最應該解決的一個問題，並思考幾個解決方法。明天從中選擇一個並馬上執行。

· 應該解決的障礙與問題：

· 解決方法：

(3) 寫下今天發生的三件好事。

1.

2.

3.

(4) 寫下回顧今天的發現和感想。

Day 18
三年後理想的自己

昨天請各位寫下眼前的障礙與問題，從中選出最應該解決的，並思考解決方式，今天開始執行，接著才進入 Day 18。

找出問題的同時，其實我還想請大家思考另一個問題，後來因為頁數限制而沒能收錄書中。這個問題就是：「如果放任問題不管，最嚴重會造成什麼後果？」請先花 10 秒鐘思考，再聽我說明原因。

即使認為最應該解決某個問題，但有些人還是會說：「放任不管也無所謂啊。」如果你也這麼想，請重新思考一下，如果放任問題不管也無所謂的話，有必要先處理嗎？是不是有其他更應該立刻解決的問題呢？

同時也希望以這樣的觀點，思考以下這個問題：

「我是以當下的觀點或是未來的觀點，來選擇這個問題？」

在昨天的功課中，我刻意不說明應該用怎樣的觀點選擇，是為了幫助大家了解：你是以怎樣的觀點思考並選擇事物。

如果以當下的觀點來選擇，就算積極地去行動，帶來巨大變化的可能性也非常低。因為只要是以當下的觀點選擇並採取行動，強化的對象都是「當下的自己」。

你是以當下的觀點做選擇，還是以未來的觀點做選擇？如果沒有認知到這一點，也就是在無意識的狀態下，所有人都會以當下的觀點來選擇。

如果你已經採取行動，卻遲遲未能改變，請確認一下行動基準是不是當下的觀點。

那麼，未來的觀點又是哪個時間點的觀點呢？當然可以是理想世界成為現實之後的觀點，但理想世界是本週剛開始想像出來的，還必須花時間多加琢磨。

因此，推薦大家將心態調整為「三年後理想的自己」，再選擇。雖說三年，其實一年、兩年、五年，甚至十年也沒有關係，只要以未來的自己為基準就可以。

不過，我想大部分的人對於寫出理想中的自己，都會有一些抗拒，或是承受某種義務的壓力，如：

「寫出理想的自己就必須設法實現，必須每天努力朝著這個理想邁進。」

可能會感覺不安，覺得以前都辦不到，這次可能一樣辦不到吧。

這種義務感與不安，對你來說就是最大的障礙。最大的問題便在如何面對這種心態。

但也正因為你不滿意目前的自己，才會買這本書，並努力練習到今天。即使寫下理想也不一定會實現，但不寫的話就絕對不可能實現。

請鼓起勇氣寫下三年後的理想樣貌。寫下理想，將是克服障礙、解決問題的第一步。而且不要覺得寫完之後不能修改，只要覺得有一點不妥，都可以隨時修改。

　　過去的你或許會逃避，但現在你已經接受挑戰，只要將問題寫下，就已經進化成不同於以往的自己。

　　以下是今天的功課。

---

①三年後理想的你是怎樣的你呢？請寫下三年後的日期，並將想到的都寫出來。

②寫下今天發生的三件好事。

③寫下回顧今天的發現和感想。

　　那就先這樣了，明天再見。

Day 18

月　日（　　）

① 三年後理想的你是怎樣的你呢？請寫下三年後的日期，並將想到的都寫出來。

・三年後的（　　）年（　　）月（　　）日理想中的我

② 寫下今天發生的三件好事。

1.

2.

3.

③ 寫下回顧今天的發現和感想。

Day 19
決定死亡的日期

昨天的功課是不是讓你一直停筆思考呢？理想的世界距離現在非常遙遠，寫的時候不須顧慮是否眞的能實現；但如果是三年後的自己，因爲已經設定好日期，所以會有一種「不能寫得太離譜」的心理壓力，也因此讓人遲遲下不了筆。

昨天也告訴大家，三年後的理想並非不能隨意變更。雖然訂好的日期不能動，但**理想會因爲日後各種經驗而不停改變**。如果都沒改變，也表示沒有成長。

請各位在昨天那頁也貼上便利貼，每天回頭查看昨日和 Day 02 希望獲得的成果。

之前寫下希望獲得什麼成果之後，是否有調整過？當我們種下一顆種子，直到開花之前都必須給予許多照顧。我們將種子埋進土裡、爲它澆水，仔細照料與培育，種子才會冒出芽來。

目標和理想也是一樣。如果只是寫下來，就像將種子埋進土裡放任不管一樣。必須積極給予各種照顧，讓這顆種子發芽。

今天的功課是決定死亡的日期。在這個沒有什麼事情是絕對的世界，有件事一定會發生，那就是所有具備生命的物體，都有迎來死亡的一天。

這一天什麼時候會到，只有天知道，但現在我們要自己先決定這個期限。如果知道自己哪一天會離開，就可以往回推，察覺現在的你應該做些什麼。實際訂出日期之後，你會發現所剩時間比想像中更少。

長大成人後，會感覺時間過得比小時候飛快許多。曾有人做過類似的研究，每個年齡層對時間的感覺都不太一樣，30 幾歲時過得比 20 幾歲快，40 幾歲時過得比 30 幾歲快，50 幾歲時過得比 40 幾歲快，而 70 幾歲時又過得比 60 幾歲更快。

雖然距離死亡還有一段時間，但只要年紀越大，對時間的感覺就比以往更快，所剩時間並不如想像中多。

同時，也請大家決定死因。我想沒有人希望自己臥病在床，靠插管維生吧？為了不陷入這種窘境、為了實現理想中的死亡方式，心中會產生「必須改變意識和行動，維持身體健康」的想法。

決定好死亡方式之後，還要再寫一件事。這部分可以依照想像去寫，題目是：身邊的人在你死後會怎麼描述你？

例如：

「我的爸爸是個奉獻社會的人。他教育我要有自己的理想，我會延續他給我的生命努力活下去。謝謝爸爸。」

「我的媽媽總是默默守護身邊的每一個人，每天最早起床、最晚回房睡覺，卻不曾表現疲累，總是笑臉迎人，讓每個人從她身上獲得滿滿的元氣。而我也遺傳了媽媽的個性，希望也能

成爲像她一樣時時展露笑容、隨時鼓舞他人的人。謝謝媽媽。」

請各位以第三者的觀點寫下類似的內容。你希望自己在親友眼中是怎樣的人呢？爲了讓這些內容成爲現實，日常生活的意識及行動也會跟著改變。

或許有人會想：「爲什麼要去想死亡？」我們活在這世上，沒有人能保證自己會活過明天。不論什麼時候離開人世，只要潛意識想著希望身旁的人用自己希望的方式看待自己，生活方式也會跟著改變。

以下是今天的功課。

────────────────────────────

①如果可以決定死亡的日期，你想訂在什麼時候？死因是什麼？
②離開人世後，希望身邊的人如何描述你？
③寫下今天發生的三件好事。
④寫下回顧今天的發現和感想。

────────────────────────────

那就先這樣了，明天再見。

Day **19**

月 日（ ）

① 如果可以決定死亡的日期，你想訂在什麼時候？死因是什麼？

死亡日期（ ）年（ ）月（ ）日，滿（ ）歲

死因：

② 離開人世後，希望身邊的人如何描述你？

③ 寫下今天發生的三件好事。

1.

2.

3.

④ 寫下回顧今天的發現和感想。

Day **20**

設定這個月想達成的目標

　　昨天的功課也是各位之前不曾想過的。就算想過,應該也沒多少人會用文字記錄下來。

　　在你離開人世之後,希望身邊的人如何描述你?想好這件事,每天的行動也會跟著改變。你到目前為止的行動,是否能讓昨天寫的成真呢?答案是否定的吧?那麼應該怎麼做才好?該做些什麼?今天的功課就是要請各位重新思考這些問題。

　　所謂成果,必須能具體而明確地判斷可否在期限內達成。今天請各位寫下 49 天結束時,旁人能輕易判斷你是否達標的內容。

　　舉例來說,如果你是考生,考上學校就是達標,沒考上就是未達標。如果你是業務,業績超過設定的數字即是達標,沒超過就是未達標。

　　首先,請重新審視之前設定想要的成果。在 Day 49 時,任何人都能輕易判斷你是否達成這項成果嗎?

　　如果能輕易判斷是否達標,直接寫進今天的功課即可;如果很難判斷,接下來我將說明如何調整。

　　旁人無法判斷是否達標的案例中,最常見的就是「希望變

得很有自信」。

有沒有自信的判斷標準非常主觀，無法正確從第三者的角度判定。那麼，這個目標要如何調整爲可以判斷的形式呢？

請想像一下很有自信的狀態。當你充滿自信的時候，能做到什麼？

假設你設定的成果是「每天不間斷地書寫筆記」，只要檢查這本筆記就可以判斷是否達標，對吧？因此，不妨將成果設定爲「充滿自信的自己會每天不間斷地書寫筆記」，並努力使這個未來成眞。

重點在於，不是因爲每天書寫筆記而變得有自信，而是充滿自信地每天不間斷書寫筆記。

「每天書寫筆記」這個動作都一樣，但前者是累積行動之後變得有自信，後者則設定自己是充滿自信地累積行動。

先設定自己具備自信，在這樣的狀態下每天書寫，直到有成果的那一天，這也能讓維持現狀機制習慣「有自信的自己」。

一個月之後，你將成爲怎樣的自己？可以達成什麼呢？請從中選定一項，以文字記錄下來，並努力使其實現。

建議大家不要設定太高的目標，先挑戰比較容易達成的。要領和上週一星期內達成目標的做法相同，這次請各位進行的是爲期一個月的版本。

首先，先寫下 Day 49 的日期。寫好日期後，再寫上「我將在○月○日達成某某目標」。每個目標的前面都加入這幾個字。

寫完目標之後，再從預計完成的日期倒推回去，並寫下為了達成目標需要採取的行動。

〈例〉 Day 49 結束的日期 （3）月（13）日

我將在 3 月 13 日 Day 49 完成本書的所有功課。因此每天晚上刷完牙之後，就會打開這本書開始寫筆記。

以下是今天的功課。

- -

①以 Day 49 就能判斷是否達成的方式寫下目標，並寫下為了達成目標將採取什麼行動。

②寫下今天發生的三件好事。

③寫下回顧今天的發現和感想。

- -

那就先這樣了，明天再見。

Day 20

月　　日（　　）

① 以 Day 49 就能判斷是否達成的方式寫下目標，並寫下為了達成目標將採取什麼行動。

（例）我將於 3 月 13 日 Day 49 時完成本書的所有功課。因此每天晚上刷完牙之後，就會打開這本書開始寫筆記。

Day 49 的日期（　　）月（　　）日

② 寫下今天發生的三件好事。

1.

2.

3.

③ 寫下回顧今天的發現和感想。

Day 21
回顧 Week 03

　　第三週即將結束，辛苦了。各位是否已經感覺到這個世界與自己的連結了呢？以後再定期回頭來看本週的內容，相信能深刻體會到解決自己的問題與解決全球問題是有所關聯的。

　　沒有接觸這本筆記之前，或許你並沒有思考過出現在這裡的問題，因此感到身心俱疲。但如果能將這種疲累轉換為好的想法，就能在每天的生活中感受到改變的喜悅。如果這種疲累讓你不舒服，就是維持現狀機制產生的抵抗。

　　或許你會想：「不舒服的感覺一直持續，只會更痛苦……變得不像自己了！」無法持續的人，通常會養成心裡不開心、感覺痛苦所以放棄的習慣，且不斷反覆。

　　維持現狀機制的運作模式，在於維持當下的自己。心裡不舒服的感覺和疲累，便是維持現狀機制透露的訊息。

　　曾在公立國中指導學生拿下十三屆全國田徑冠軍，同時也是「原田方法」（The Harada Method）創始人的原田隆史，曾說過這樣的故事。某位拿下全國鐵餅女子冠軍的學生發燒了，連站都站不起來，原田老師還是要求家長讓女學生和平常一樣「洗盤子」，因為這項工作是她自己決定要做的。但因為女學生躺

在床上起不了身，所以原田老師請家長將盤子和乾抹布拿到床邊讓女學生擦，完成這一天的洗盤子工作。

將洗盤子的動作分解來看，用乾布將盤子擦乾是最後一道工序。因為女學生負責了最後的步驟，因此稱得上是實現自己決定洗盤子這件事。

女學生即使在身體不舒服、什麼都做不了的狀況下，也絕不放棄，想出自己可以做到的事，並加以實踐。心情轉換成「自己決心要做的事，直到最後一秒也絕不輕言放棄」的維持現狀機制，這樣的經驗能強化心志，在爭取日本冠軍的舞臺上，帶領她發揮平常的實力。

國中生都能做到了，成年人沒道理做不到。開始嘗試某件新事物時，一定會出現很多阻力。要屈服於這些阻力停止行動，還是要拒絕阻力、持續下去，都是自己可以決定的。

之前已經提過很多次，無法達成目標，也就是無法使目標變成現實，並不是因為不採取行動或是行動不足，最大的原因是「忘記」。因為忘記想實現什麼目標，所以沒有進入行動這個步驟。

進入今天的功課之前，你是否已經確認過昨天寫下了什麼目標？是否為達成這項目標而採取了任何行動呢？如果你忘了，請先停下來，翻回前一頁確認。

這麼做也能讓自己察覺「原來我那麼健忘」。但請不必擔心，每個人都是健忘的。忘記也是無可奈何的，我們無法改變

「忘記」這個事實，重要的是，我們是否能利用事實改變未來、改變自己。

本書的每週回顧裡，都會加入「**如果能重來的話，我會怎麼做？**」這項功課。回顧前幾天的內容，相信你會發現許多需要調整的地方。一直以來，我們接受的教育大多只會強調學生不好之處，很少讓學生知道自己很棒的地方。例如，在滿分 100 分的考試中拿到 90 分，大部分的人不會注意到自己考了 90 分，只想到答錯被扣的 10 分吧？

其實我們應該先看到自己答對了九成，再去思考如何改善沒答對的一成才對。但大多數人根本沒看這九成，而是把焦點放在沒答對的一成。

聚焦在自己不好的地方是一種長年累積的壞習慣，很難在短時間內改掉。不過，我們可以善用這個習慣使自己成長，思考如何變得更好。「如果能重來的話，我會怎麼做？」就是為了改善提出來的問題。

以下是今天的功課。

....

① 回顧 Week 03，有什麼好事發生嗎？將想到的都寫下來。
② 如果 Week 03 可以重來，你會怎麼做？將想到的都寫下來。
③ 寫下回顧今天的發現和感想。

....

那就先這樣了，明天再見。

Day **21**   月　日（　　）

(1) 回顧 Week 03，有什麼好事發生嗎？將想到的都寫下來。

_____

_____

_____

(2) 如果 Week 03 可以重來，你會怎麼做？將想到的都寫下來。

_____

_____

_____

(3) 寫下回顧今天的發現和感想。

_____

_____

_____

memo

Week

04

將目光放在自己擁有的

Day 22

你曾努力實現過什麼？

　　進入第四週了。這週請大家將焦點放在自己身上，也請每天朝著 Day 20 設定的目標採取行動，並將行動後的心得與發現，記錄在本日功課的第三題裡。雖然不會每天都出現「如果能重來的話，你會怎麼做」，但之後還是可以將心中所想寫在第三題的答案欄中。

　　今天的功課是「曾經努力實現的事」，也就是到目前為止的人生中，靠自己完成的事。

　　過去的人生之中，最重要的關鍵人物是誰呢？沒錯，就是你自己。**過去的人生，都是由你為主體打造而成。**

　　或許有人急著否認：「才不是！」但如果你無法認同，表示人生受他人控制，而你無法改變他人，因此也無法改變自己。

　　過去的你，或許總是聽從父母勸告、順應另一半、照公司主管說的去做，但就算事實如此，選擇完全依照他人所說去做的是誰？是你自己。人生是自己創造的，正因如此，你才能改變自己。

　　今天的功課，就是要讓各位回想過去曾經努力實現什麼，並據實將想到的寫下。每次出這個功課，都有人斬釘截鐵地回

答：「我不曾實現過什麼！」詢問後才發現很多人將努力實現某件事，定義爲獲得他人肯定的事。

就算沒有獲得他人肯定，只要你認爲是自己努力實現的就可以了。連自己都不認同，又怎麼獲得他人的認可呢？

其實你在過去的人生實現了許多，所以才會堅持書寫這本筆記直到今天。你沒有眼花，筆記可以寫到今天，也是靠自己實現的事。如果你沒有實現之前寫的內容，就沒辦法進入今天的功課。

像每天到公司上班，也是靠自己努力而實現的事。因爲過去累積了許多努力實現的事，才造就了現在的你。

有人會說，每天到公司上班根本就是理所當然。如果自己不先認同這種理所當然的事，就會變成由他人來認定標準；一旦由他人認定標準，你就會失去自我。

每天到公司上班或許理所當然，但今天你之所以可以到公司上班，也是因爲過去的你每天認眞工作累積而來。如果你中途離職，就無法上班了。再將時間軸往回推，面試成功、獲得進入公司的機會，也是一種實現。

也就是說，**現在的你，是由過去累積各種實現所組成。**

在進入下一頁之前，請拿出白紙或任何記事本，寫下過去曾經實現的所有事。不要光用想的，要抱著動手寫下來的心情看待這件事。沒有時間限制，不過如果不先設定好時間，很多人會寫到停不下來，建議大家在 15 分鐘內完成。

剛開始或許會寫出「參加比賽獲得冠軍」「業務表現得很好，獲得表揚」「考上理想的學校」等得到他人認同的事情。如果覺得自己沒有做出什麼值得他人肯定的事，也可以寫生活相關事物，例如剛才提到，連續三週認真寫筆記裡的功課。

　　在設定好的時間內寫完曾經努力實現的事後，再開始進行以下功課。

---

①回想過去努力實現過的事情，有什麼發現和感想？將想到的都寫下來。

②寫下今天發生的三件好事。

③寫下回顧今天的發現和感想。

　　那就先這樣了，明天再見。

Day 22

月　日（　　）

① 回想過去努力實現過的事情，有什麼發現和感想？將想到的都寫下來。

② 寫下今天發生的三件好事。

1.

2.

3.

③ 寫下回顧今天的發現和感想。

Day 23

靠自己得到的

　　昨天已經寫下努力實現的事。不知道你寫下怎樣的覺察和感想？相信各位已經發現，實際上，努力實現的事情比想像中更多。

　　我也了解大家會有「這麼微不足道的事有什麼好說嘴的」的想法。但如果連這麼小的事情都沒辦法做到，要如何成就大事呢？

　　任何事都不可能一蹴而成。有陣子很流行「秒速獲得一億日圓！」的廣告臺詞，這句話的意思是特賣會的時候，顧客一秒就買單、金額總計超過一億日圓。但要達到秒速獲得一億日圓的境界，必須在非特賣期間累積顧客名單，並且與顧客培養信賴關係，才有可能實現。

　　一般人只看見華麗的表面成績，但背後需要腳踏實地的努力。大成果都是由小成果累積而來，請不要否定小成果。接受、認同小成果，並持續累積，慢慢地便會成就大成果。

　　比方從第一天開始每天寫筆記，寫字這件事人人都會，卻很少人可以持續三週不間斷。有些人或許會被維持現狀機制傳來的耳語說服，不自覺產生「只做了這麼一點小事」的想法，

無法認同自己正在做的事情。

如果是別人眼中有價值的事，才能持續下去，那麼你的人生就不會是自己的，你將隨時活在別人的眼光之中。

古人說：「積沙成塔。」如果眼前只有幾粒沙子，沒有人會察覺；但是當沙子的數量越來越多，多到像一座山的時候，大部分的人就會發現它的存在。

而我現在持續將各種想法化為文字，累積了「自己的書」這座山，才讓各位讀者發現我。如果沒有這本書，我和你或許一輩子都不會有任何接點。

你能不能認同每天生活中累積的小事呢？就算其他人看不起這些事也無所謂。看不起別人的人，安於目前的環境與處境，不會有任何改變。

但是你不一樣。你身上的各種變化，會影響身邊的人，很可能讓他們產生「他都能改變了，或許我也可以」的念頭。要不要使這個念頭成為現實，選擇權和決定權在他們手上。只要你有所改變，身邊的人也會跟著變化。

接著，讓我們進入今天的功課「靠自己得到的」。請跟昨天一樣，拿出白紙或筆記本，把想到的寫下來。這也是接受、認同小事情的練習。過去數十年來，你應該獲得了不少東西，當然也有些已經不在手邊。書寫的時候，不需要把焦點放在已經不存在的東西上。

請列出各種得到的事物，例如「得到這本書」「得到持續

不間斷堅持寫筆記到今天的自己」「得到足以購買書籍的金錢」等。今天的功課也是一寫就會停不下來，請先設好時間，盡可能多寫一些。

除了書本、金錢等肉眼看得到的東西之外，也可以寫無形的事物。例如，如果你曾經參加過棒球賽，可以將這件事視為得到這項經驗；如果曾經做過提供他人協助、使人開心的事情，產生「希望讓他更開心」的心情及情緒，都可以當作是得到的東西。另外，像是與親近友人之間的友誼，也可以寫下來。

我們得到的不是只有肉眼看得見的東西。用文字將肉眼看不見的事物寫下來，能讓你察覺這一生其實獲得了許多，遠超乎自己的想像。

以下是今天的功課。

①回想過去得到的事物，有什麼發現和感想？將想到的都寫下來。
②寫下今天發生的三件好事。
③寫下回顧今天的發現和感想。

為了達成目標採取行動時有什麼發現，也都寫在第三題裡。那就先這樣了，明天再見。

Day 23

月　日（　　）

① 回想過去得到的事物，有什麼發現和感想？將想到的都寫下來。

② 寫下今天發生的三件好事。

1.

2.

3.

③ 寫下回顧今天的發現和感想。

Day 24
他人賦予我的

在 Day 20 寫下的目標，到今天有什麼進展嗎？因為目標是考慮世界的問題而寫的，因此達成目標就表示問題獲得解決，距離你的理想世界也就越來越近。

翻開理想的世界和目標那一頁，你有什麼感覺？如果覺得心情沉重，忍不住有種「不做不行」的義務感，表示這些事其實不是你真正想達成的。

如果過去沒有太多達成目標的經驗，便會使你感到不安，總覺得「這次該不會也搞砸了吧」，或許是這種不安的情緒使你產生義務感。維持現狀機制也還不習慣達成目標，所以才會令你不安。

即使沒辦法達成目標，不妨捫心自問：「如果可以重來，我會怎麼做？」藉此找出應該改善的地方。可能是目標設得太高，也可能是快達成之前一時大意，只要將這次的經驗運用於下次就好。達成目標可以獲得滿足感，未能達成目標則可獲得改善的方向。

所以，你還有什麼理由不採取行動呢？什麼都不做，只會留下「逃避」這個事實。行動的過程中，一旦發現「這樣好像

不對」，可以馬上改變，不須有任何猶豫。

昨天已經寫過得到的東西，無論是肉眼看得見，或是肉眼看不見的，你都曾獲得許多。

其中當然有獲得又放手的，也有不得不放手的。而這一切，造就了現在的你。

經過昨天和前天兩天，相信各位的覺察能力已經增進不少。今天將會更加提升。

今天的功課是「他人賦予我的」。**除了自己已經擁有的，再加上他人賦予的，我們才能生存在這世界上。**

例如生命。生命不是我們自己產出，而是在母親的體內孕育、從母親的身體產出。我們的每一個器官，也都不是自己創造的。

再比如空氣。沒有空氣的話，我們都活不下去。那麼，空氣是我們自己做出來的嗎？不是吧？空氣是由某種偉大的力量產生，讓我們得以呼吸並藉此維持生命。

文字也是一樣，我們每天使用的文字，都不是由自己產出的。古人發明文字，代代先人將這些文字傳承下來，我們現在才能使用這些文字傳達知識與各種想法，並接收訊息。

治安也是。日本稱得上是世界上治安最好的國家。之前曾在某新聞節目看到有關日本治安的報導，一位住在日本的外國人說：「女生半夜走在路上也不危險，實在令人難以置信。」這讓我深深感覺住在日本真是太幸福了。這樣的治安是我們自

己創造出來的嗎？應該不是吧。有人負責維持治安，而人民繳給政府的稅金則用來支付這些人的薪水，這些都不是我們做的，但我們卻可以住在安全的國家，過著安心的生活。

像這樣，我們隨時都在日常生活中享受「他人賦予的」便利，只是沒有意識到罷了。如果將之視爲理所當然，就會不懂感謝。如果你願意花時間認眞做這項功課，就會在不知不覺中發現，原來自己獲得那麼多，並自然湧現感謝的心情。

今天也請準備白紙或筆記本，在設定時間內寫下他人賦予你的東西，並將書寫過程中的發現記錄下來。

以下是今天的功課。

①寫下他人賦予你的東西後，有什麼發現與感想？將想到的都寫下來。

②寫下今天發生的三件好事。

③寫下回顧今天的發現和感想。

爲了達成目標採取行動時有什麼發現，也都寫在第三題裡。那就先這樣了，明天再見。

Day 24

月　　日（　　）

①　寫下他人賦予你的東西後，有什麼發現與感想？將想到的都寫下來。

②　寫下今天發生的三件好事。

1.

2.

3.

③　寫下回顧今天的發現和感想。

Day **25**

你把錢花在什麼地方？

　　為期 49 天的筆記，今天剛好走到一半。回顧過去三週，你將發現後半段會比前半段更快，好像學生時期總覺得下學期過得比上學期快，一下子就結束。

　　就算上學期和下學期的天數一樣，但上學期因為還不習慣新環境，所以會花比較多力氣適應。等到逐漸熟悉後，就不需要花費力氣在已經熟悉的事物上，也能將力氣用在別的地方。

　　有些人剛開始連打開這本筆記都需要很多力氣，到最近應該已經習慣每天在固定時間書寫了。包含今天在內，整本筆記剩下 25 天，接下來將以高速前進，請好好感受每一天。

　　昨天請各位寫下他人賦予的東西。我想很多人列出了水電瓦斯、空氣、道路、時間、語言、金錢等，每天理所當然都在使用的東西。

　　在看不見的地方，有許許多多事物來自他人的賦予，我們才得以過著普通的生活。以餐廳的咖哩飯為例，咖哩飯被送上桌之前，經過很多人的努力：盛裝咖哩的餐盤不是我們自己燒製的；咖哩的牛肉，也是有人養牛、有人屠宰、有人將牛肉變成咖哩，我們才得以享用；稻米也不是我們種的。有那麼多人在背後做

了這麼多事情，我們才得以用差不多 200 元的價格在店裡吃到咖哩飯。

所有看得見的東西，背後都有許多看不見的事物，經過許多努力而成。只要能感受到這點，生活中的抱怨就會變少，並產生更大的幸福感。希望各位都能養成將肉眼看不見的東西，以文字表達出來的習慣。看到的越多，越能感覺幸福。

今天的功課是：「你把錢花在什麼地方？」這個功課能引導大家發掘自己的強項。把錢花在什麼地方，可以看出你心裡在想什麼。

別人幫忙付帳的不算，像是 20 歲之前的學費或補習費，就不能計入今天的答案。請在紙上列出過去將錢花在什麼地方。

你願意這麼努力寫筆記，相信過去一定參加過各種自我投資的課程。這部分要列出細項，不要只用「自我投資」或是「講座」這種籠統的方式記錄。

以我個人的經驗為例，第一個自我投資課程是石井裕之老師的「Dynamite Motivation」CD 教材，費用是五萬日圓。《如何放掉內心的煞車》這本書附贈的 CD 改變了我的人生，聽了 CD 後我告訴自己「好想繼續聽其他內容」「學到這個我就能大大不同」，但價格讓我猶豫了，畢竟要五萬日圓。如果是現在，我知道花錢投資自己，最終都會回到自己身上，但當時我還不懂。直到現在，我都很清楚記得當初猶豫了很多天，一直想這筆支出到底需不需要。

後來我告訴自己：「會猶豫，表示另一個自己認爲需要。」於是抱著孤注一擲的心情按下了購買鍵。從結果來看，我確實運用那套教材學到的東西寫了這本書，回本的程度無法化爲具體數字，表示當初的直覺是正確的。我得以抱著感謝的心情，對當時的自己說聲謝謝。

因爲如此，我將別人沒有的經驗化爲獨一無二的價值，運用在許多地方。

請回想一下過去都將錢花在什麼地方。藉由書寫，可以幫助你回想許多以前的經驗，而這些經驗也將成爲專屬於你獨一無二的經驗。

以下是今天的功課。

①寫下過去都將錢花在什麼地方後，有什麼發現和感想？將想到的都寫下來。
②寫下今天發生的三件好事。
③寫下回顧今天的發現和感想。

爲了達成目標採取行動時有什麼發現，也都寫在第三題裡。那就先這樣了，明天再見。

Day **25**

月　　日（　　）

① 寫下過去都將錢花在什麼地方後，有什麼發現和感想？將想到的都寫下來。

② 寫下今天發生的三件好事。

1.

2.

3.

③ 寫下回顧今天的發現和感想。

Day 26

你把時間花在什麼地方？

昨天的功課，請各位加上了關於自己的條件。相信你回想起許多打工或工作後賺錢、花錢的經驗。

但其實小時候花掉的壓歲錢也是自己的錢。如果昨天沒寫到小時候的錢用在什麼地方，也可以重寫一次。

或許有人會想：「為什麼昨天不早說？」如果昨天說的話，你就不會有所發現，也無法擴展視野了。

有時間也可以再多寫一題：「以後我想把錢花在哪裡？」想改變自己，就必須重新審視過去花錢的方法，轉換為理想的花錢方式。透過昨天的功課將過去的花錢方式轉化為文字後，各位都已經發現這一點。接下來請想像你已經成為理想中的自己，並思考：「如果是理想中的自己，會將錢花在什麼地方？」

今天的功課將帶大家跳脫金錢。請仔細思考，從出生到現在，你把時間花在什麼地方？這次沒有特別的限制，請從孩童時期開始回溯，相信各位大多把時間花在學校、公司、打工、社團活動、運動、補習、打電動等事上。

有些是你自願花時間在上面，有些則是被迫。仔細回想，會發現自己花時間在很多事上。花時間做的這些事情當中，一

定有你的價值，而這個花時間的方式，也造就了你，形成你的人生。

突破商業商學院的塾長大前研一說過這麼一段話：

「想改變一個人，只有三種方法。第一種是改變時間的分配方式，第二種是改變居住場所，第三種是改變身邊來往的人。這三個要素，才有辦法改變一個人。最沒有意義的，就是『重新下決心』。」

這 25 天以來，你已經成功改變時間的分配方式。今天的功課，就是要讓這個習慣成為改變人生的關鍵。

過去你都將時間花在什麼事物上面？請設定好時間，將所有想到的都寫在紙上。想到什麼，就寫什麼，寫完應該會發現什麼占了你人生大部分。如果對目前的人生很滿意，請繼續下去；如果想改變人生，就不要再這麼做，必須將時間花在想做的事情上。

聽過罐子哲學的故事嗎？某位大學教授在課堂中，將一個罐子放在講臺上，罐子裡倒入許多大石塊，問學生：「你們覺得這個罐子滿了嗎？」學生都說：「滿了。」這時教授又從公事包拿出細沙和水倒入罐子，將空隙填滿。學生以為教授想表達：「不管行程排得多麼緊湊，只要盡最大的努力，還是可以擠出時間。」但其實教授想告訴學生的是，如果先裝入其他東西，之後就再也沒有空間放得下體積最大的石塊了，而石塊代表對學生而言最重要的事物。

這個罐子代表每個人擁有的時間。你在罐子裡放了什麼？將罐子清空，現在你想先放什麼進去？要拋下過去的一切確實非常困難，但如果你不知道可以放棄什麼，就沒辦法清空罐子；沒辦法清空，也就無法放入新的東西。

對你而言，石塊代表什麼？請寫下心中所想，並重新理解。如果不寫下來，只在腦子裡打轉，根本稱不上有想過。請一定要寫下來。

以下是今天的功課。

---

①寫下過去都將時間花在什麼地方後，有什麼發現和感想？將想到的都寫下來。
②寫下今天發生的三件好事。
③寫下回顧今天的發現和感想。

為了達成目標採取行動時有什麼發現，也都寫在第三題裡。那就先這樣了，明天再見。

Day 26

月　　日（　　）

① 寫下過去都將時間花在什麼地方後，有什麼發現和感想？將想到的都寫下來。

② 寫下今天發生的三件好事。

1.

2.

3.

③ 寫下回顧今天的發現和感想。

Day 27

自己很棒的地方

做完昨天的作業，相信大家已經察覺什麼才是人生中的「石塊」。如果你認為這些「石塊」以後也會是重要的事情，就不須取出；但如果你想在罐子裡裝入不一樣的石塊，就必須先取出其他石塊。

如果一開始就將對自己而言比較不重要的東西裝入時間這個罐子，你的人生就會被不重要的事情占滿。

你一定會說：「話雖如此，還是很難割捨。」如果有這種想法，只有兩種選擇，一種當然是割捨，另一種選擇就是改變想法，把那些不重要的事情變成最重要的事。

當你改變想法之後，原本處於被動、做得很痛苦的事，就會變得願意主動去做。主動去做了之後，會發現過去看不到的一些有趣觀點，也會下更多工夫把事情做得更好。這麼一來，即使沒有收穫，也能享受過程。

「要怎麼樣才能做得更好呢？」

當大腦產生這樣的疑問時，就會開始想出各種點子。歷經各種嘗試、從失敗中獲得成功的過程，也就是每天的日常生活，將會變得更有趣。

請回想一下，小時候是否曾經靠自己的實力完成難度超高的拼圖，或玩電玩時成功闖關而高興不已。雖然很快完成或破關能帶來成就感，但就沒那麼有趣了。

不管是在罐子裡換不同的石塊，或是改變對石塊的想法，都能讓日常生活增添樂趣。人生就是日常的累積，累積充滿樂趣的生活，就能帶來充滿樂趣的人生。

今天請大家寫下「自己很棒的地方」。許多人遇到這題都會卡住，因為大部分的人都很有把握地說：「我根本沒什麼特別好的地方！」不過，可以很有把握地說出這種話，在我看來就是一件很厲害的事。

活到現在，相信每個人一定都有過人之處，卻有原因讓你不覺得自己特別棒。

那就是你把這件事定義為「別人不認同就不夠棒」，**棒不棒的標準不在自己，而在別人心裡**。

當然，如果做出所有人都覺得了不起的成績，獲得眾人讚許，自己也會覺得：「我真的好棒！」但成績是已經發生過的事，成績獲得認同，只能代表過去的自己得到認同，和現在是否獲得認同其實並沒有關係。

幫學員修改履歷的時候，經常聽到他們說：「之前沒做出什麼成績，所以沒自信……」我會反問：「沒自信的話，要怎麼做出好成績呢？」許多人才恍然大悟。

今天的功課是寫下「自己很棒的地方」。寫出過去創下的

好成績也沒關係，但還是希望將焦點放在現在的自己。

先人為我們留下了「老王賣瓜，自賣自誇」如此完美的詞，請大家盡量賣瓜，不要客氣。例如：「我居然連續寫了 27 天筆記，真是太了不起了！」「今天也認真去公司上班，我真是太棒了！」「就算沒有人跟我說謝謝，我也做了好多家事，真的很棒！」「住在臺灣真是太好了！」「我懂聽說讀寫，真的太棒了！」

或許有人會覺得，懂聽說讀寫也算很厲害嗎？厲不厲害的判斷標準在自己，不在別人心裡。希望大家可以至少列出一百條，記得一樣先設定好書寫的時限。

以下是今天的功課。

①寫下自己很棒的地方後，有什麼發現和感想？將想到的都寫下來。
②寫下今天發生的三件好事。
③寫下回顧今天的發現和感想。

為了達成目標採取行動時有什麼發現，也都寫在第三題裡。那就先這樣了，明天再見。

Day 27

月　日（　　）

① 寫下自己很棒的地方後，有什麼發現和感想？將想到的都寫下來。

_____

_____

_____

_____

② 寫下今天發生的三件好事。

1. _____

2. _____

3. _____

③ 寫下回顧今天的發現和感想。

_____

_____

_____

_____

Day 28

回顧 Week 04

　　第四週即將結束。將近一個月了，我想各位剛開始時應該很懷疑自己有沒有辦法持續三天，更別說一個月。當時的你一定覺得一個月是很久以後的事吧？但現在回頭看看，似乎只在轉眼之間。而這轉眼之間的每一刻，都記錄在這本筆記之中。

　　請翻回第一天，看看自己寫了什麼。或許你會覺得不好意思，怎麼會寫出如此不成熟的東西，但會有這種感覺，就代表你已經獲得成長。

　　回顧過去 28 天的同時，請準備一張白紙，寫下自己完成的事、做了之後覺得開心的事。今天的功課也會請你寫下當中的發現和感想。

　　這本筆記經常請各位回顧過去，但其實大家不太喜歡回顧，對嗎？會這麼問，是因為我自己也不喜歡。

　　如果書寫得到的成果和回饋高於預期，回顧過去就能讓你提升自信；但如果沒有任何成果，也沒感覺到回饋，回顧過去便會讓你不安，覺得失去自信。因此許多人會陷入「因為感覺不安，所以不願意回顧」的模式。

　　短時間內不會得到大成就。有些人確實能在開始新嘗試時

就獲得成就，但我不覺得是因為開始某項新嘗試而獲得成果，應該解讀為「因為已經做好隨時可以拿出成果的萬全準備，在新嘗試的刺激下才浮現出來」。

不喜歡回顧的人，容易養成和他人比較的壞習慣，產生「為什麼我這麼努力卻只做得到這麼一點點」的想法。其實完全不須自責，大可認同並且**稱讚自己的這麼一點點**。

各位都看過小嬰兒剛開始只會在地上爬，到慢慢站起來，扶著東西搖搖擺擺往前走的樣子。所有人看到這樣的畫面，都會稱讚小嬰兒，對吧？不會有人責罵：「搞什麼嘛，終於站起來了嗎？怎麼馬上又坐到地上？給我走快一點！」大部分的人都會不停稱讚：「好棒！加油喔！你可以走得更好。」就算小嬰兒不小心跌倒，也會告訴他：「沒關係、沒關係。」「走得好棒喔！」孩子得到稱讚之後就越想努力回應，並逐漸成長。

但為什麼換成自己，卻責備只能做到一點點呢？所有的大成就都是來自一點一滴的累積，如果不能認同這一點點，又如何認同大成就？

就算獲得大成就了，很多人只會在第一時間高興，馬上跟周遭比較，又忍不住責備自己：「跟那個人一比，我做的事情根本不值得一提……」

和他人比較，會讓你一輩子無法認同自己。根本不需要在意他人，這道理大家都懂，卻又忍不住在意。你一直以來這麼努力，是為了誰呢？不是為了別人，是為了自己，對嗎？並不

是為了獲得別人稱讚，所以才這麼努力吧？一路走來，自己都看在眼裡，你不稱讚自己，誰要稱讚你呢？

你的一切努力都是為了自己。不需要在意他人的眼光，盡情地稱讚自己吧。

或許你只獲得比其他人還小的成果，但那就是你目前的實力。努力發揮這些實力，未來才有可能成長。或許有人會笑你，想笑就讓他笑吧。你只要朝著自己的方向前進，只要堅持下去，笑你的人總有一天會被你拋在腦後。

再重述一次：稱讚自己的努力，不需要在意任何人的眼光。

以下是今天的功課。

①回顧這四週你完成了什麼事情、有什麼好事發生，然後將發現和感想都寫下來。

②如果 Week 04 可以重來，你會怎麼做？將想到的都寫下來。

③寫下回顧今天的發現和感想。

那就先這樣了，明天再見。

Day **28**

月　日（　　）

① 回顧這四週你完成了什麼事情、有什麼好事發生，然後將發現和感想都寫下來。

② 如果 Week 04 可以重來，你會怎麼做？將想到的都寫下來。

③ 寫下回顧今天的發現和感想。

memo

改變態度

Day 29
奇蹟發生的機率

　　今天起進入倒數第三週。前四週我們都聚焦於自己的內在，剩下的三週我將帶領大家聚焦於外在部分。出現和行動相關的功課時，如果不付諸行動，就無法回答隔天的題目。「行動」聽起來很難，但其實小學生也做得到。有些人的心理門檻較高，即使行動本身不難，有些題目還是會讓某些人覺得難以跨出第一步。但各位已經堅持到這裡了，相信你能了解行動與失敗可以為我們帶來許多發現。

　　想改變自己，甚至改變人生，就必須採取和過去不一樣的行動。如果真的下定決心改變，就不要思考能不能做到，去做就對了。做不到也無所謂，重要的是你已經確實採取行動，即使不順利，對你來說也是一種成長。

　　分子生物學家村上和雄的遺作《為你打開動力開關的DNA》，提到了全新細胞誕生的機率。

　　根據已故演化生物學家木村資生的研究，一個全新細胞誕生的機率，大概等同於連續中一百次一億日圓彩券一樣低。

　　村上和雄的研究指出，人類由三十七兆個誕生機率如此低的細胞組成。而地球的人口在撰寫本書的同時，已經超過

七十八億人，即將突破八十億人大關。這將近八十億人中的每個人，都是三十七兆個微小細胞組成的個體。

而且細胞與細胞之間，各個器官在各司其職的同時也能互相配合，不須我們控制，也不會互相對抗，達到完美的協調。就算要求心臟跳得比現在快一倍，心臟也不會照我們所說去做，但心臟卻一刻不停地跳動著。各位不覺得很神奇嗎？

剛剛提到全球有將近八十億人口，其中日本就占了一億兩千萬人。

我們當然無法和世界上每個人有所接觸。就算和所有人接觸，也不可能記住每個人。對人生來說沒必要的人，我們很快就會忘記對方的名字和長相（相反地，如果記得住對方的名字和長相，就算再怎麼討厭，對我們來說也是必要的存在）。

假設你這輩子在日本會遇見一萬人，一萬 ÷ 一億兩千萬 ＝ 0.0000833 ≒ 0.0083%。比例真的非常非常低，根本是奇蹟。在這麼低的機率下能夠遇見某些人，一定具有某種意義吧。

據說每天都有超過二百本書在日本上市。在這麼多書籍之中，你選擇購買此書，並且每天持續書寫，為了改變自己而不斷挑戰。

我們也身處於這個奇蹟之中。除了這本書以外，其他書籍也是一樣，每天接觸的人也是一樣，都是一個個奇蹟累積，並呈現在你面前。

接著進入今天的功課。

為了珍惜人與人之間的緣分，你可以做些什麼？想到什麼，明天立刻行動吧。一定可以想到許多想做的事，就算實際採取行動的只有一項也沒關係。

　　像是「傳LINE給很久沒聯絡的朋友」「寫明信片」「為朋友送杯咖啡」都可以，任何能輕鬆達成的小事都無妨，請務必試試。

　　請帶著「我與這個人之間的緣分簡直是奇蹟」的心情去做這些事。即使是簡單的一則訊息，也都是經過仔細斟酌、評估後寫下，這個心意將透過訊息傳達給對方。

　　以下是今天的功課。

- ① 為了珍惜人與人之間的緣分，你可以做些什麼？將想到的都寫下來，並用紅筆在明天就要採取行動的項目上畫圈。
- ② 寫下今天發生的三件好事。
- ③ 寫下回顧今天的發現和感想。

　　請持續採取行動，努力達成21天之後的目標。那就先這樣了，明天再見。

Day **29**

月　　日（　　）

① 為了珍惜人與人之間的緣分，你可以做些什麼？將想到的都寫下來，並用紅筆在明天就要採取行動的項目上畫圈。

② 寫下今天發生的三件好事。

1.

2.

3.

③ 寫下回顧今天的發現和感想。

Day 30

你的獨特價值與使命

　　練習了如何珍惜人與人之間的情誼，有什麼感想嗎？就算是平常就在做這些事，但只要改變想法，應該會有一些新發現。請把這些發現記錄在今天的第一題。

　　今天要請各位一起回溯自己的族譜。你是第一代，往回推的話有父母，父母再往上回推到其父母，也就是祖父母。每回溯一代，就會多出一個「2」的倍數。我們之所以存在，是因為有兩個父母、四個祖父母、八個曾祖父母，再上去則是 16、32、64、128、256 人。

　　那麼，如果往回推十代的話，會變成幾個人呢？十代是1024 人。那麼，往回推二十代的話，又會變成幾個人？回溯二十代的人數是 104 萬 8576 人；回溯到二十七代，就會超過1 億人；如果再繼續回溯三十代的話，你就會有 10 億 7374 萬1824 個祖先。

　　這個數字會不斷增加下去，完全是天文數字，讓人不知該如何是好。

　　據說地球上的第一個生命，誕生於三十八億年前。誕生於海洋的生物在極度酷熱中好不容易生存下來，然後爬上陸地。

不久後地球進入冰河期，幾乎所有生物都死於飢餓與寒冷，但他卻活了下來。等到天氣暖和之後，出現了各種生物，我們的祖先雖然受到恐龍這麼龐大的生物欺負，但還是存活下來了。

如果是我，實在沒把握在那樣的時代存活下來。不過，我們每個人的身上都繼承了祖先的基因，每個人不但都是奇蹟般的存在，又帶著累積了三十八億年的歷史，活在時代的最前端。

生於現代，許多人喜歡拿各種事情來比較。如果以同一基準做比較的話，人與人之間當然會產生落差，但我們是因為三十八億年的奇蹟才得以生活在此，根本不須刻意與他人比較。

比較這件事對大自然而言根本沒必要，但比較是否存在呢？或許有些人可以斷定地說：「確實存在！」但這只是出自於這個人的基準所下的判斷，**從整個自然界的觀點來看，沒必要的東西根本不存在。**

如果它確實存在，必須證明它是無用的，但要怎麼證明呢？每個人都是自然界的一部分，如果自然界沒有無用的東西，那麼我們每個人的存在就都不是無用的。

每個人的存在都不是無用的，表示每個人有自己的獨特價值與使命。而你，也一定有自己獨特的價值與使命。

讀到這裡，或許你會想：「那我的價值與使命是什麼？」沒有人能告訴你答案。既然這樣，自己決定即可。因為你是這世上獨一無二的存在，因此可以創造自己的價值與使命。

「話雖如此，我還是不知道如何創造……」許多人受到學

校教育的影響，而不懂如何尋找答案和解方。不知道的話，可以先試著將身邊的事物當作自己獨有的價值與使命。

　　我們眼前所見的一切，都是因過去所做的選擇和決定而來。像我之所以會寫書，也是因為出版社邀稿、我答應邀約的這段過去而來。世界上只有我可以寫出這本書，因此我認為這本書是我獨有的價值和使命，並用盡全力書寫。

　　明天我想請各位嘗試努力做好眼前的事，並在心中告訴自己：「這件事是只有我才做得到的價值和使命。」或許你會覺得任何人都做得到，但就是要刻意把它想像成只有自己做得到。請各位將做這件事時的發現寫在明天的功課裡。

　　以下是今天的功課。

①為了珍惜人與人之間的緣分，你採取行動時有什麼發現？將想到的都寫下來。

②寫下今天發生的三件好事。

③寫下回顧今天的發現和感想。

　　請持續採取行動，努力達成 21 天之後的目標。那就先這樣了，明天再見。

Day 30

月　日（　　）

① 為了珍惜人與人之間的緣分，你採取行動時有什麼發現？將想到的都寫下來。

② 寫下今天發生的三件好事。

1.

2.

3.

③ 寫下回顧今天的發現和感想。

Day 31
端正姿勢

　　昨天請各位帶著「這件事是我的獨特價值和使命」的意識度過一天。或許很多時候你會忘記，也可能實在無法做到，但這都是你的發現，記得把這些全部寫下來。

　　很多人有「不可以寫負面的東西」的成見，但我們的功課是將想到的都寫下來，所以書寫的時候不需要判斷正面或負面，儘管寫就是。

　　如果刻意隱瞞負面情緒，只寫正面的東西，反而有問題。我能理解想隱藏負面，只展現正向面這種心情，但越是如此，等於對自己說謊，無形中進行自我暗示，告訴自己「我會隱瞞對自己不利的事情」。

　　你寫的東西不需要給任何人看，所以大可放心，儘管將所有發現都寫下來。負面想法並非壞事，這是我們的祖先為了生存發展出的必要情緒，有負面想法，表示我們隨時做好準備；如果沒有負面想法，當生命遇到危險的時候，就會無法及時反應，很可能因此喪命。

　　不要壓抑負面情緒，跟著直覺走，這樣才能活出自己。

　　話雖如此，負面情緒太強的話，會同時失去行動的勇氣。

因此要教大家一個眞實感受負面情緒的方法，請務必一試。

這個方法就是標題所說的「端正姿勢」。現在的你用什麼姿勢閱讀這本書呢？有沒有彎著脖子？是否挺胸？是否打直背脊呢？

我想現在你應該彎腰駝背，整個頭往前吧？

請馬上挺起胸膛並打直背脊。只要端正姿勢，就會立刻感覺精神抖擻、活力滿滿，效果好得不可思議。

情緒其實是伴隨身體而來。請試試抬頭挺胸、臉上堆滿笑容，張開雙手左右擺動，並大喊：「我現在心情糟透了！」

（試了嗎？如果還沒試的話，請務必試過之後再繼續往下讀。還沒試的人，表示你的維持現狀機制正在發揮作用。）

（你會被「這麼做根本沒意義」「反正又沒人看，沒試也不會有人知道」的想法說服，而選擇不做。你的意識想著「想改變自己」，但潛意識卻不想改變，所以才不願意做這麼簡單的事。）

喊完之後，不但心情不會變差，還會變得更好。接著再請各位彎腰駝背，皺著臉說：「我現在心情眞好。」我想心情應該只會更差吧（笑）。

語言本身是沒有意義的。不管想讓心情變好或變差，都不是取決於語言，而是取決於姿勢與態度，也就是「狀態」。

請觀察一下優秀的人，應該找不到垂頭喪氣、姿勢不佳的吧？當然也有例外，但大部分優秀的人都非常有自信地抬頭挺

胸，動作也很大。相信各位都想成為優秀的人。

　　因此，首先請隨時端正姿勢，就從明天開始做起。養成習慣之前，或許會不小心托腮，或是又駝背了。發現自己不小心姿勢不端正的時候，記得將當時的情緒記錄下來。

　　以下是今天的功課。

①實行昨天的功課，思考自己獨特的價值和使命並採取行動時，有什麼發現？將想到的都寫下來。

②寫下今天發生的三件好事。

③寫下回顧今天的發現和感想。

　　那就先這樣了，期待明天見到姿勢端正的你。

Day 31

月　　日（　　）

① 實行昨天的功課，思考自己獨特的價值和使命並採取行動時，有什麼發現？將想到的都寫下來。

② 寫下今天發生的三件好事。

1.

2.

3.

③ 寫下回顧今天的發現和感想。

Week 05

Day 32
笑臉迎人

　　今天的你，是以什麼姿勢打開這一頁的呢？端正姿勢說起來簡單，但對於習慣彎腰駝背的人來說，隨時打直背脊是很累的，馬上就會破功。而且大多數的人不會察覺自己的姿勢在不知不覺中變差。

　　其實我並不是強迫各位一定要端正姿勢。不妨先想想，你心目中理想的自己是什麼樣子？決定好之後，只要盡可能長時間維持這個姿勢，就會更接近理想中的自己。

　　另外請教各位，當你發現姿勢變差時，心情如何呢？是否產生負面的情緒？當你端正姿勢後，是否產生正面的情緒了？

　　在短時間內改變姿勢，就能馬上切換情緒。非常推薦各位運用在日常生活當中。

　　很多人經常有提不起勁的感覺，這時你會以怎麼樣的姿勢、做出什麼樣的行動呢？為了重新找回動力，有些人會上 YouTube 看些振奮人心的影片，當你上網找影片的時候，是什麼姿勢呢？

　　我想沒有人會坐得直挺挺地找影片，大家都是彎著背、拱著腰吧。明明是想找影片提振士氣，結果卻營造出越來越提不起勁的狀態。明明看的是提振士氣的影片，卻越來越提不起勁⋯⋯

提不起勁就再找別的影片……找著找著發現其他想看的影片，不知不覺間就過了兩小時，然後又因為平白無故浪費了兩小時而自責，變得自暴自棄，陷入「算了啦，明天再做好了」的惡性循環。幾年前的我，就是這個樣子。

但是，這個惡性循環也可以藉由端正姿勢這個三秒鐘就能完成的行動斬斷。希望各位往後都能將端正姿勢放在腦子裡，當你不需要特別提醒自己，也能維持很好的狀態時，不可思議的事情就會發生，身邊的人對你的評價也會跟著變高。

繼端正姿勢之後，明天要請你做的是「笑臉」。請先練習在沒有人看到的地方擺出笑臉。現在請用力擠出最大極限的笑容。

你可能身處於電車或其他公共場合，這都不要緊，請盡量擠出笑容，不須顧慮他人。就算有人看到你在笑，也只會覺得「他一定是看書看到什麼有趣的地方」。

聽好囉，是笑容滿面。不必急著照鏡子，因為很多人看著鏡子時會不自覺笑得很假。

做出滿面笑容之後，請維持表情一直到寫完功課為止。很驚訝嗎？一旦覺得訝異，笑容就會消失，這時請再回到原本的笑容。其實我寫文章時也會刻意帶著笑容，卻常在不知不覺中失去笑容。

是不是覺得臉頰很容易累呢？所以要先從訓練臉頰的肌肉做起。對了，也別忘記隨時端正姿勢。

如果你發現維持笑容太難，這階段有這種感覺也沒關係，表示還不習慣。

「不是因為幸福而笑，是因為笑了才幸福。」
「不是因為開心而笑，是因為笑了才開心。」

相信各位經常聽到這兩句話。就像上次說過的，行動會伴隨情緒而來，笑臉迎人，對方就能感受到你的幸福和快樂。

旁人或許會問：「最近有什麼好事嗎？」因此建議先想好備用的答案。

以下是今天的功課。

①實行昨天的功課端正姿勢時，有什麼發現？將想到的都寫下來。
②寫下今天發生的三件好事。
③寫下回顧今天的發現和感想。

那就先這樣了，期待明天見到端正姿勢、笑容滿面的你。

Day **32**

月　　日（　　　）

① 實行昨天的功課端正姿勢時，有什麼發現？將想到的都寫下來。

---

② 寫下今天發生的三件好事。

1.

2.

3.

③ 寫下回顧今天的發現和感想。

Day 33

扮演聆聽者的角色

現在的你，正用怎麼樣的姿勢與表情閱讀這本書呢？或許你忘記維持姿勢和表情，不過沒關係，願意承認忘記也是很棒的事情。

你會想：「那我該如何判斷自己有沒有維持姿勢和表情？」其實根本不需要特別注意，聽到身邊的人說「你的姿勢很端正」或是「你的笑容很棒」，就知道了。

你也會懷疑：「真的會有這麼一天嗎？」請相信，這一天一定會來，做下去就對了。等到姿態和笑容受到身邊的人稱讚，表示你正在慢慢轉變成「懂得等待自己想獲得的成果」的人。

今天一整天笑臉迎人，有什麼特別的感受嗎？之前有學員回饋說：「我一個人住，又整天關在家裡，所以沒有和人接觸的機會。」這樣的人可稱得上是找藉口天才，這其實也是維持現狀機制運作的結果。

走進附近的餐廳，就可以帶著笑容和店員聊上兩句。使用 Zoom 等線上軟體，也能和人聊天。如果你想不出其他做法，可以在社群網站公開徵求方法或是找聊天的對象。

這就是即思即行。有了想法卻不馬上做，就會冒出越來越

多不做也無所謂的藉口，並且被這些藉口說服。

有些人平常面無表情，嘗試這個功課之後，反而被他人汙衊、指責或是中傷：「幹麼笑得那麼邪惡？好噁心喔。」「你是突然中邪了嗎？」「不要笑得這麼醜！超噁心！」

不過這也是一種經驗。會這麼說別人的人，自己也希望臉上帶著笑容，但卻認爲開心的事情取決於他人，自己沒有遇到開心的事，而開心的事都跑到別人身上了。因此導致心理不平衡，想破壞我們的笑容。

或許你會覺得又沒發生什麼值得讓人露出笑臉的好事，但追求面帶笑容就會有好事發生這種想法，其實跟爲了追求好事，而把自己搞得神經兮兮並無兩樣，一定要察覺這一點。

回到今天的功課，請各位嘗試保持端正姿勢與笑容的同時，扮演聆聽者的角色。

「聽人說話」這個道理大家都懂，卻很難做到。人類是喜歡說話勝過聽人說話的生物，「說些什麼好？」通常比「聽些什麼好？」更容易。

很多人都說自己喜歡聆聽勝過開口，但根據我過去幫人修改四千多份履歷的經驗，會說這種話的人通常一開口就停不下來。

這種人覺得自己在聽人說話，卻會在別人說的話加上意見，不知不覺從聆聽者的角色變成說話者。

再強調一次，人類是喜歡說話的生物。大家都想聊自己的

事，都希望別人聽自己說話。只有非常少數的人聽得進別人說話，等於供需失衡，所以我們自然而然會對願意聆聽的人抱持好感。

也就是說，只要取得需求較高的聆聽者立場，身邊的人就會向你靠攏。但是扮演聆聽者的角色很困難。如果對方說的剛好是自己感興趣的領域，就會忍不住想讓對方知道自己懂得更多。

明天的作業將會請你寫下扮演聆聽者的發現，請務必實行。如果你只順利擔任一次聆聽者，只要把跟這個人說話時的發現寫下即可。

以下是今天的功課。

①實行昨天的功課笑臉迎人時，有什麼發現？將想到的都寫下來。

②寫下今天發生的三件好事。

③寫下回顧今天的發現和感想。

為了達成目標採取行動時有什麼發現，別忘了記錄下來喔。

Day **33**

月　日（　　）

（**1**）實行昨天的功課笑臉迎人時，有什麼發現？將想到的都寫下來。

（**2**）寫下今天發生的三件好事。

1.

2.

3.

（**3**）寫下回顧今天的發現和感想。

Day 34

想像對方的背景

　　昨天請各位扮演聆聽者的角色，試過之後有什麼感覺？我想應該很多人強忍住想開口說話的念頭，也有人覺得很困難，甚至覺得「一直聽人抱怨、說別人的壞話，好累喔」。

　　相反地，也有很多人覺得「不是只要聽就好了嗎？真的很輕鬆」。如果你覺得聽人說話很簡單，請試著將聽到的內容簡單記錄下來。你會發現自己將注意力都放在「聆聽」這件事上，反而沒把對方的話聽進去。

　　我認為聆聽這件事非常困難。不能光是聽，當對方詢問我們的意見時，還必須根據內容提供自己的想法。

　　別人之所以對我們說話，是希望獲得理解。不管是發牢騷或是說其他人的壞話，都是希望和我們分享，希望我們理解他的痛苦或想法。

　　聽別人發牢騷或說其他人的壞話，其實是件很痛苦的事，因為聽人發洩根本無法解決任何問題。不過，如果我們願意認真聆聽，對方在得到發洩之餘，很可能會自己發現原因或解決方法。

　　這取決於我們的態度，端看你是被迫聽人發牢騷或說其他

人壞話，或是主動聆聽。改變想法，意識也會跟著改變。

如果你覺得自己被迫收聽，就會被對方的情緒帶著走，腦中開始出現想跟著一起發牢騷或抱怨的想法，為了讓氣氛更加熱絡，最後變成一起加入發牢騷的行列。很多人因為幫腔，跟著抱怨，後來朋友到處放話說「○○也這麼說」，反而公親變事主。這樣的例子不勝枚舉。

但如果你是採取主動姿態聆聽，就不會被對方的情緒帶著走，即使腦中出現想跟著一起抱怨的想法，也不會表現出來。

你可能想，光是聽就已經夠難了，完全沒辦法控制要採取被動還是主動的態度。但只要平常多留意，就能在不知不覺中擔任主動聆聽的角色。

習慣主動聆聽，會發現越來越少人來找你發牢騷或抱怨，因為對方會察覺，就算他怎麼說，你也不會跟他站在同一邊。這會讓對方感覺：「好想跟他大說別人的壞話，但他一點都不起勁，真沒意思。」

今天一樣請你挑戰聆聽。和上次不一樣的是，今天要想像對方的背景。

舉例來說，你可以想像一下對方為什麼要這樣發牢騷或是說別人的壞話。這個練習沒有正確答案，可以盡情想像。

例如：

「他每天被夾在上司和下屬之間，累積超多壓力，卻不知道如何抒解。其實他很想跟太太說，但下班時間那麼晚，根本

沒什麼時間和太太聊天。可能昨天本來打算跟太太聊，沒想到被迫聽對方發牢騷，反而讓他壓力更大。如果我是他的話，或許這樣發發牢騷，或是把對別人的不滿說出來，就能抒解一點壓力了吧。」

不難發現，這個人就是因為想像對方的立場，認為「如果我是他的話，也想發牢騷或是說說別人的壞話」，因此更能認真聆聽對方說話。

只要多多練習想像對方的背景並聆聽，慢慢地就能將對方無法用言語表達的情緒化為文字敘述，而更了解對方。

以下是今天的功課。

①扮演聆聽者的角色時有什麼發現和感想？將想到的都寫下來。
②想像對方的背景，並且參考上述例文，將想到的內容以文字記錄下來。
③寫下今天發生的三件好事。
④寫下回顧今天的發現和感想。

那就先這樣了，明天再見。

Day **34**

月　日（　　）

① 扮演聆聽者的角色時有什麼發現和感想？將想到的都寫下來。

② 想像對方的背景，並且參考上述例文，將想到的內容以文字記錄下來。

③ 寫下今天發生的三件好事。

1.

2.

3.

④ 寫下回顧今天的發現和感想。

Day **35**

回顧 Week 05

　　第五週即將結束，只剩下兩週了。相信許多人剛開始寫這本筆記的時候，總覺得還要寫很久，但寫到這裡會感覺：「居然只剩下兩週？」

　　距離 Day 49 的目標，進度如何呢？是「還有兩週」，還是「只剩兩週」呢？每個人對於剩下的時間各有不同解讀，並沒有所謂的標準答案。

　　如果你覺得只剩下兩週，那麼隨著期限越來越近，或許會感覺行動的壓力越來越大；另一方面，有些人覺得期限越來越近，反正也沒時間了而選擇放棄。但都已經堅持這麼久，我想各位都是抱持第一種「還有兩週」的想法。

　　就算無法達成目標，所做的努力也一定能使你成長。只要發揮這些成長和所學，繼續挑戰下一個目標就行了。放棄的話，等於放棄成長，讓自己變成「無法堅持到最後的人」「無法面對失敗的人」。

　　相反地，如果你覺得還有兩週，那麼隨著期限逼近、感到焦慮的同時，反而能找回從容。在焦慮中繼續朝目標努力，會使眼界變得狹隘，錯過了本來應該做的事情；發現自己錯過，就

會更焦慮，進而影響品質。另一方面，也有些人因為還有時間，把時間想得太充裕，而把該做的事往後延。

各位應該都知道哪種想法才是對的。這件事沒有標準答案，只要選擇最有可能達成目標的，也就是能讓自己動起來的就好。如果內心感到焦慮，就告訴自己「還有兩週」；如果太過從容、樂觀，則告訴自己「只剩兩週」，憑自己的感覺靈活選擇。

經過這五週，有些人會有這樣的想法：

「都已經寫五週了，卻沒看到什麼成果，我真的太沒用了。」

我能體會在沒有成果的時候會感覺焦慮，也理解會忍不住懷疑自己和目前正在做的事情。這些我都經歷過，所有人也幾乎都經歷過。

但請了解，**成果不是突然就出現的。等到時機成熟，便會成為現實**。

舉例來說，考生的第一志願是東京大學。夏天時，這名考生的偏差值是 50，這成績很難考得上。（譯註：錄取東京大學的偏差值約在 70 上下。）當然他可以選擇「只剩半年」而放棄，不過也可以選擇相信「還有半年」，並且盡最大的努力想辦法考上。

放棄東大的人，錄取這件事是不可能成為現實的。但就算盡了最大努力也無法保證錄取東大。如果將實力拉升到足以錄取東大的程度，卻無法在考場上正常發揮，仍然無法順利考取。

若能告訴自己：「錄取東大會非常開心，但就算考不上，

這段備考的日子也將成為一輩子的財產。」並且珍惜準備的過程，便能增強實力。即使不幸失足沒考上，也不會否定自己，還能將過程中獲得的成長運用在未來。只要培養出適合這項成果的實力，成果就會成為現實；相反地，如果某些事遲遲無法成為現實，是因為你的實力並未達到這項成果需要的程度。

如果在期限內沒有獲得成果，也就是無法成為現實，難道之前的努力都白費了嗎？如果你認為白費，那就真的白費了；如果你認為可以在未來有所發揮，就能在未來有所發揮。

這五週以來的努力，非常難能可貴，是由全世界獨一無二的你累積而來。你是為了誰努力呢？當然是為了自己，對嗎？只有自己、世界上獨一無二的存在，可以創造你的人生。不論旁人怎麼說，千萬不要否定自己一直以來的努力。

以下是今天的功課。

---

①回顧這五週，你完成了什麼事情、有什麼好事發生？將回想過程中的發現和感想都寫下來。

②如果 Week 05 可以重來，你會怎麼做？將想到的都寫下來。

③寫下回顧今天的發現和感想。

那就先這樣了，明天再見。

Day 35

月　　日（　　）

① 回顧這五週，你完成了什麼事情、有什麼好事發生？將回想過程中的發現和感想都寫下來。

② 如果 Week 05 可以重來，你會怎麼做？將想到的都寫下來。

③ 寫下回顧今天的發現和感想。

memo

Week

06

為他人著想

Day 36

稱讚他人 & 接受稱讚

　　只剩下最後兩週了。持續，是一次又一次累積而來的結果。從 Day 01 到 Day 35，因為每天不停地寫，才有「持續」的結果產生。如果你苦於無法持續，表示一開始就將持續視為目的，但為什麼持續是必要的呢？很多人完全忽略這點。接著，你又指責自己無法持續，告訴自己：「為什麼我做什麼都無法持續？」結果就真的變成這樣的人。

　　想像自己無法持續，你就會變成那樣的人。思考會變成現實，這是無庸置疑的事實。我們每個人都具備將所有事情化為現實的能力，但要發揮這種能力，將事情化為現實，是需要準備和時間的。

　　假設你現在冒出想去夏威夷的想法。一直抱持這個想法，就真的去得了夏威夷嗎？答案是否定的。

　　什麼時候去夏威夷？在這之前，你必須先思考想去夏威夷什麼地方。要去茂宜島嗎？還是夏威夷島？要訂哪一家飯店？搭哪一家航空公司？如何籌措旅遊基金？很多問題都要先想好。決定細項之後，再一一採取行動，最後身處夏威夷這件事便會成為現實。

將想法化為現實的過程，必須克服許多障礙。你得轉為主動，享受穿越障礙的經過——如果能這麼想，就不會中途停止動作，將心中所想逐一變為現實。

今天的題目是「稱讚他人＆接受稱讚」。我想各位平常應該常常稱讚他人。為什麼要稱讚他人呢？應該是想看到對方開心的樣子吧。我想沒人是因為「先稱讚對方讓他心情變好，之後就能讓他依我所說的去做了……」的邪惡念頭（笑）。

不過，世界上有許多人無法照字面上的意思全盤接受讚美，有些人會撇過頭說：「沒有，沒有，沒這回事。」導致無法繼續對話。相信你也有過這樣的經驗。

今天請大家嘗試不直接稱讚，而是以間接的方式稱讚他人。所謂間接，就是在稱讚的時候加上「我覺得」。

例如，當你想稱讚某人「每天寫筆記實在很了不起」的時候，就用「我覺得你每天寫筆記實在很了不起」來讚美。

雖然說法只有些許不同，但加上「我覺得」之後，即使對方沒有太大的反應，但因為這些話是我們主觀認定的事實，所以對話到這裡就可以結束。

當然，習慣否定的人還是會否定，這是對方的自由。也就是說，**間接稱讚他人，等於是尊重彼此的自由**。

或許對方會說：「幹麼突然說這些？是不是做了什麼虧心事？」這時只要回答：「沒什麼，只是把想到的說出來而已。」

另外，也請執行「接受稱讚」這件事，但這必須建立在有

人稱讚你的前提之下，因此無法保證一定有機會執行。

遇到他人稱讚的時候，請一定要帶著最高等級的喜悅回答：「第一次有人這樣說！我太開心了！謝謝你！」

除了那些抱著邪惡念頭、灌迷湯，希望達到某種目的的人之外，幾乎所有人稱讚朋友都是因為希望對方開心，因此稱讚朋友也會同時感受到對方的喜悅，是一種善的循環；相反地，如果你受到稱讚不覺得開心，也會剝奪對方稱讚他人的喜悅。

請務必一試，並將覺察寫在明天的功課裡。

以下是今天的功課。

---

①回想一下過去接受朋友稱讚時，你給過對方怎麼樣的反應與回饋？請以文字記錄下來。往後你希望給予怎麼樣的反應與回饋？

②寫下今天發生的三件好事。

③寫下回顧今天的發現和感想。

那就先這樣了，明天再見。

Day 36

月　　日（　　　）

① 回想一下過去接受朋友稱讚時，你給過對方怎麼樣的反應與回饋？請以文字記錄下來。往後你希望給予怎麼樣的反應與回饋？

② 寫下今天發生的三件好事。

1.

2.

3.

③ 寫下回顧今天的發現和感想。

Day 37

分享失敗經驗

　　嘗試了稱讚他人＆接受稱讚之後，有什麼感想呢？有些人在現實生活中實行，也有人是透過社群網站與人互動時執行。養成習慣之前，相信很多人會因為內心糾結而遲遲無法行動，例如：「這樣突然稱讚對方，他會怎麼想？」會糾結是理所當然，但請擺脫這種糾結，成功踏出第一步，給自己一點掌聲吧。

　　不管如何壓抑，負面思考和情緒還是會源源不絕地冒出來。這種不斷冒出的特質，來自於祖先為了生存、為了延續後代，而且隨著時間越長而越來越強烈。

　　負面思考的感知能力一旦減退，就無法在與猛獸共生的時代存活下來。有人走進叢林不幸被猛獸盯上，因而送命，其他人看到這樣的情景，便從此不再踏入叢林，得以繼續存活。而我們，就是這些倖存者的子孫。負面思考和情緒是經過千萬年傳承下來的基因，想靠短短幾十年來累積的思考去壓抑這樣的基因，根本是不可能的任務。

　　如果負面思考和情緒像溫泉一樣不斷湧出，任憑它湧出即可。我們要如何運用這些湧出來的負面思考和情緒呢？將這些思考和情緒加以運用，才是真的控制。很多人認為自己有義務「必

須保持正面思考」，但都用到「必須」這種字眼了，怎麼可能正面得起來呢？

對我們來說，不需要的東西不會存在於身體之中。對於生存與繁衍子孫來說，負面思考是必要的，所以我們才會具備負面思考。既然具備這個特質，當然要好好運用一番。

現在開始好好運用負面思考吧。今天的功課如標題所說，是「分享失敗經驗」。只要是人，都會想隱瞞失敗經驗，但我們可以從失敗中學到很多，也因為有過去的失敗，才造就了現在的你。

分享失敗經驗確實令人卻步，很多人害怕別人對自己的評價會因此變差，害怕他人帶著「原來這傢伙這麼遜」的眼光看自己。但如果立場轉換，換成別人分享失敗經驗呢？你應該會覺得這個人非常真誠吧。世界上沒有人不曾失敗，卻很少人會接受失敗並從中獲得成長。甚至，幾乎所有人都不認為失敗最大的責任在自己身上。

分享失敗經驗時，不須講到目前還沒成功克服的部分。請先聊聊日常生活中的失敗。

請各位明天就向身邊的人聊聊日常生活中的糗事，或是PO文在社群網站上也可以。分享自己的失敗經驗，能讓你與經歷相同失敗的人變得更加緊密；相反地，有些人會因為你的失敗經驗而疏遠你，這也無所謂，反而能讓你有所學習。

習慣與人分享失敗經驗之後，就會為了想與人有更多聊天

的話題而不斷進行各種嘗試。如果不面對，失敗就永遠是失敗。不需要分享太過嚴肅、嚴重的失誤，不妨像我一樣，多多與人分享日常生活中的糗事。

　　以下是今天的功課。

①稱讚他人＆接受稱讚時，有什麼發現和感想？將想到的都寫下來。

②寫下今天發生的三件好事。

③寫下回顧今天的發現和感想。

　　那就先這樣了，明天再見。

Day 37

月　日（　　）

①　稱讚他人 & 接受稱讚時，有什麼發現和感想？將想到的都寫下來。

②　寫下今天發生的三件好事。

1.

2.

3.

③　寫下回顧今天的發現和感想。

Day 38

嘗試失敗

　　與人分享失敗經驗之後，有什麼感想？對各位來說，做這個嘗試遇到的第一個障礙應該是，不知道什麼是可以和人分享的失敗經驗吧？可以馬上說出失敗經驗的人，其實都是對失敗容忍度比較高的，這樣的人在失敗後懂得如何將之轉換爲下一次的成功體驗。越是願意分享的人，就有越多失敗經驗可以與人分享，並把這些事當作笑話自嘲，使氣氛變得更開朗。

　　但這種人畢竟是少數，大家都不太懂得如何分享失敗經驗，會猶豫要說到什麼程度。以前我也是，因爲大部分的人都有弱點被人發現的話會被欺侮、被攻擊的既定印象，很難展現脆弱的一面。不過，一旦鼓起勇氣與人分享失敗經驗，會發現很多人對你產生共鳴，人數之多超乎想像。

　　大家都不希望失敗，每個人都一樣。即使做了再好的預測與準備，還是可能有突發狀況而導致失敗。至於失敗的原因，完全就是自己能力不足。

　　所以，各位可以將失敗視爲獲得成長空間的機會。成功會獲得回報，失敗則會獲得成長。再怎麼成功的人，也不可能永遠成功，大部分的人都是經歷很多次失敗才成功。

兩者之間的差異，端看你是否能夠享受失敗、能不能將失敗經驗運用在下一次的挑戰。不斷重複這樣的過程，就能提高將想法化為現實的能力。

　　今天的功課是「嘗試失敗」，請試著積極地嘗試失敗。失敗是目前的能力不足，相反地，成功是目前能力所及，而只靠目前能力所及，不會成長。

　　因為要嘗試失敗，所以實際上做不到也無所謂。累積了很多失敗，就會在無形中累積更多實力。

　　以仰臥推舉為例，如果推不動原本設定的重量，就是失敗；但即使推不動，還是有出力，所以仍有練到肌肉。

　　很多人習慣只看有形的成功，也就是藉由成效來提升自我評價。獲得好成績時，喜歡自己；成效不佳時，討厭自己。或許有人說，那就努力一點，想辦法獲得好成果就好，但如果一直沒能得到好成果，就會變得無法相信自己，即使採取行動也很容易中途放棄。

　　成果是由行動累積而產生，因此，想藉由好成績來提升自我評價，就必須先認同自己的行為和行動。如果不先認同自己的行動，又怎麼會認同這些行動累積而來的成效呢？如果成果是從自己無法認同的行動累積而來，那麼就算因此獲得好成效也沒有意義，因為你只能巴著成果不放，害怕失去已經獲得的好成果而不願意接受下一個挑戰。放棄挑戰就不會成長，只能整天把當年勇掛在嘴邊。

請稱讚自己：「能夠經歷失敗真是太了不起了！」能容忍自己的失敗，也能容忍他人的失敗。當然，如果是因為偷工減料導致失敗的話，就不值得容忍，但如果盡全力做完某件事而獲得認同，就會產生「我要繼續做」的動力。

所以你必須成為勇於容忍失敗的人。請務必告訴自己，今天的實力比不上明天，並且勇於挑戰。不幸挑戰失敗的話，更要好好稱讚勇於失敗的自己。

如果你想成為風趣的人，可以試著挑戰為了讓大家笑出來，每次和人見面時一定要搞笑；如果平常不愛與人打招呼，可以試著認真打招呼。雖然有些挑戰看似容易，但只要對自己來說是有難度的，就不妨嘗試看看。

失敗越多，越能獲得成長，也更有可能使夢想成為現實。

以下是今天的功課。

①分享失敗經驗時，有什麼發現和感想？將想到的都寫下來。
②寫下今天發生的三件好事。
③寫下回顧今天的發現和感想。

那就先這樣了，明天再見。

Day **38**

月　　日（　　　）

① 分享失敗經驗時，有什麼發現和感想？將想到的都寫下來。

② 寫下今天發生的三件好事。

1.

2.

3.

③ 寫下回顧今天的發現和感想。

Day 39
傳達感謝之意

　　昨天嘗試了怎麼樣的失敗呢？對於還不懂如何忍受失敗的人來說，刻意讓自己失敗是很困難的一件事。但失敗的次數越多，越能豐富人生，也能讓人成長得更快。

　　撰寫這篇稿子之前，我犯下的失敗就是在網球課挑戰新的打法，並將這個打法帶到球賽。

　　雖然球速變快了，卻因為球不受控而失誤連連，在比賽前的練習一直輸。雖說用新打法輸球在預料之中，但還是不希望比賽時輸給對方。「照以前那樣打就會贏了，但如果想再上一層樓，就必須改變之前的打法……但改變打法又會輸掉眼前這一場……」我的心裡不斷糾結，結果還是挑戰採用新的打法，整場比賽幾乎全敗。

　　輸了比賽讓人焦慮，但如果沒有抱著打輸的決心使用新招式，這個招式就不會變成自己的東西。而這次失敗可說是因為想挑戰而獲得的體驗，重要的是將失敗運用在下一次的練習。這裡想問各位：

　　「如果可以重來，你會怎麼做？」

　　每週回顧的時候，我都請各位回答這個問題。幾乎每個人

在回顧時都會寫出自己糟糕的地方，卻沒有繼續往後發展，而拋出這個問題，可以幫助我們找出改善的地方。

以上述打網球為例，就可以寫「多練習揮空拍，讓身體習慣扭轉的動作後再練習」。之後必然會採取新的行動，像是「什麼時候練習揮拍」「要做幾次」等，如果不練習揮拍就參加下一次的練習賽，又會面臨相同的失敗。重複相同失敗是不可能成長的，必須找出如何改善並採取行動，再挑戰下一次。如果還是無法順利改善，就再反問自己：「如果可以重來的話，我會怎麼做？」慢慢找出方法。不斷重複失敗後改善、改善後失敗，就會離成功越來越近。雖然每天的功課不包含這一題，但請務必挑戰每天不斷失敗。

今天的功課是「傳達感謝之意」。說來容易，但做起來很困難。很多人都想向人表達謝意，真正要說的時候卻又害羞開不了口。

向人傳達感謝之意，對方收到絕對會很開心，就好像自己收到他人感謝也會非常開心一樣。不過，關係越是親密的人，有時反而越無法坦誠表現。

因此，今天請你間接傳達感謝。例如，吃晚餐的時候向準備晚餐的人說：「可以吃到這麼好吃的東西真是太幸福了。」如果是你煮飯給家人吃，則可以說：「看你吃得這麼津津有味，真是太開心了。」即使對方板著一張臉吃飯，只要自己心裡這麼想就好。

傳達感謝之意的時候，有件事一定要記得，那就是不要期待對方的回應。

許多人會忍不住想：「我已經向他傳達感謝了，至少該有個回應吧？」但這完全出自於私心。希望別人有回應，只是為了滿足自己的私欲，對方會察覺到，所以不會表現出感謝的情緒。

不須要求對方回饋，只要傳達眞實的想法即可。如果要求回饋，心中就會冒出各種阻礙行動的理由，例如：「如果他的反應不如預期怎麼辦？」「如果他拒絕我怎麼辦？」「如果他說我只是嘴上說說怎麼辦？」

明天請嘗試對人表達感謝之意，對象是誰都沒關係，直接或間接都可以。不過既然都要進行全新的挑戰了，不妨挑戰平常想說卻很難說出口的。

以下是今天的功課。

. . . .

①嘗試失敗時，有什麼發現和感想？將想到的都寫下來。
②寫下今天發生的三件好事。
③寫下回顧今天的發現和感想。

. . . .

那就先這樣了，期待明天見到成功對人表達感謝之意的你。

Day **39**

月　　日（　　）

① 嘗試失敗時，有什麼發現和感想？將想到的都寫下來。

② 寫下今天發生的三件好事。

1.

2.

3.

③ 寫下回顧今天的發現和感想。

Day 40

立即反應

傳達感謝之意的功課做得怎麼樣？是不是有點難為情？或是忍不住覺得今天不做也沒關係？

很多人應該有過這樣的經驗：嘗試新事物時，心中總會冒出一個聲音阻止自己。聲音是自然而然冒出來的，沒辦法壓抑，也不須刻意壓抑。

維持現狀機制會擔心我們，發出「希望你不要改變」的聲音。請先認知這個聲音。認知的最好方法，就是將聲音轉為文字記錄下來。寫出來之後客觀地掌握，並對自己說：

「現在有另一個我拚了命地阻止自己。因為這樣，我的生活才能平安無事，實在太感激了，但我不能停滯不前。我希望可以更加成長、為更多人服務，所以現在開始要採取行動。」

以上只是舉例，不需要依樣畫葫蘆，一字一句照著說。記得對自己說完之後要立即採取行動，如果不立即採取行動的話，另一個自己就會冒出來說服你。請記得即思即行，不要讓另一個自己有機會出來說話。

許多學員告訴我，他們會因為不安而停下腳步，不採取任何行動。為了讓另一個自己不行動，所以會產生許多不安的情

緒。

嘗試新事物時，一定會伴隨不安。每個人過去的人生中，都有過許多類似的經驗，相信在這 40 天中也一直承受著不安。因為大家都是在認知到不安的狀況下採取行動，所以才能寫到今天。

請先思考自己可以做些什麼，接著立刻採取行動。不思考也無所謂，在你產生「這麼做好嗎？」的想法時，馬上讓身體動起來，成為想到什麼就立刻採取行動的人，也就是即思即行。

Day 05 介紹了即思即行，今天是第一次進行相關練習。練習內容如標題，也就是「立即反應」。除非你過著獨居的生活，或是住在無人島，否則隨時都會遇到來自他人的反應。即使沒有口頭上直接與人互動，也會透過電子信箱、訊息或社群網站等文字訊息接觸。或許有人說：「沒有人寫電子郵件給我，也沒人在社群網站上和我互動。」但只要打開 YouTube 影片，就會接收到「請訂閱我的頻道」「歡迎留言給我」等訊息，即使這些訊息不是只針對你，還是可以做立即反應的練習。

具體來說，「反應」到底是什麼？

舉例而言，如果有人對自己說話，就要第一時間回答「是」，給予回應；如果在網路上閱讀的文章希望你按讚，就馬上按讚並留言；收到訊息之後，就算是平常不會回覆的內容，也要馬上回覆；另外，相信所有人都不會回覆電子報，但對於寫電子報的人來說，收到回覆一定會非常開心，請務必一試。

明天請各位嘗試的是在思考之前採取行動。這麼做其實滿累的，肉體上的疲累不用說，精神上的疲累會更強烈。接著你會聽到維持現狀機制這樣碎碎念：「你看，就說會很累了吧？以前你的反應沒這麼快，還不是走過來了，所以不要勉強自己，沒關係啦。」

維持現狀機制會像這樣，用很多聽起來合理的說法阻止你。

所有拿出好成效的人，出手的速度都很快。雖然成功人士的行動品質是我們模仿不來的，但可以模仿他們出手的速度。

讓身體在習慣思考前先動起來，即思即行就是關鍵的通關密語。

以下是今天的功課。

①傳達感謝之意時，有什麼發現和感想？將想到的都寫下來。
②寫下今天發生的三件好事。
③寫下回顧今天的發現和感想。

那就先這樣了，期待明天見到即思即行後過得更充實的你。

Day **40**

月　日（　　）

① 傳達感謝之意時，有什麼發現和感想？將想到的都寫下來。

② 寫下今天發生的三件好事。

1.

2.

3.

③ 寫下回顧今天的發現和感想。

Day 41

請人幫忙

今天有許多人因為做了許多回應，而感覺精神、肉體累積了不少疲勞吧？請馬上嘗試以下做法。

大聲說出「啊～累死我了～」，接著立刻放下這本書，雙手往上舉，維持 5 秒鐘，再重新回到本書。

雙手往上舉之後，有什麼感覺？或許真的累了，不過我想大家臉上應該會露出笑容，心情也輕鬆不少。如果你的心情並沒有因此變得輕鬆，原因只有一個，那就是沒有主動積極地認真做好功課。

人類是有趣的生物。**如果是自己主動想做的事，就算累，也會累得很舒服**；但如果並非出自主動意志去做，同樣都是累，就會覺得心情不好或不開心。要不要主動面對，完全取決於自己。如果維持現狀機制無法習慣主動面對，還是會轉變成被動。

那麼，要如何主動面對呢？請回想訂定的目標和 Week 03 的內容。這幾天我沒有要求各位回顧，是否記得在書寫筆記之前翻回去看看呢？

如果忘記回顧，一切的行動和做法就會變成被動。如果你是「因為橫川老師叫我做」而做，那麼就算採取行動，也獲得

成長，還是處於被動心態。如此一來，你會對於寫完 49 天這件事感到自滿，而停下手邊的行動，不知不覺發現自己又變回以前不主動採取行動的樣子，等於回到原點。結果就算寫完整本筆記，就算清楚自己爲什麼停止行動，也會因爲不行動，變得比開始嘗試前更退步。

剛開始寫筆記的時候，已經告訴各位，「忘記」是無法達成目標最重要的原因。立下目標之後還是可能會忘記。爲了達成目標，我們會花費許多時間與精力，而這些時間和精力，都會在無意識中被使用掉，所以必須努力讓自己不要忘記當初設下的目的和目標。

人是健忘的動物，所以採取行動時必須以忘記爲前提。當然不是只有自己會這樣，其他人也一樣。如果你期待別人理所當然要記得，只會讓自己產生不滿的情緒。

對方忘記，是我的責任。如果你忘記確認目的和目標，是因爲我沒有提醒各位，是我的責任（當然我是故意不提醒的）。

回到今天的功課，「請人幫忙」。或許你不懂得如何請人幫忙，以前我也是，總覺得與其拜託別人，不如自己做比較快。拜託別人幫忙，要承擔被拒絕的風險，自己會的話，何必請別人做呢？因爲抱持著這種想法且一直過得很順利，所以也就變得不會請別人幫忙了。

直到某天和朋友吃飯時，對方告訴我：

「或許你覺得自己把每件事情做好很帥，但有些人很樂於

幫助你喔。請人幫忙，對方會因此獲得滿足和喜悅，而且對方答應了你的請求，也會獲得成長的機會。有些事情請別人代勞，可以省下不少時間，不是嗎？什麼事情都自己來，其實會讓你失去很多。當然你可能怕吃閉門羹，但其實人類是喜歡被人需要的生物，因此大可盡量拜託別人幫忙，不用客氣。」

這個觀點是我之前從來沒想過的，所以即思即行。在我拜託別人之前，維持現狀機制一如往常地又開始碎碎念：「就算你拜託別人，也沒有人會幫忙的啦。就算有人願意幫忙，也是出於義務，對方怎麼可能會高興？」為了證明這種想法是否正確，我嘗試拜託別人幫忙，結果對方的反應出乎意料，馬上對我伸出援手。從此之後我就變得積極拜託別人了。

請嘗試開口請人幫忙，任何小事都無所謂。不管是請人幫忙洗碗或影印都好，絕對會給你出乎意料的發現。

以下是今天的功課。

⑴實行立即反應時，有什麼發現和感想？將想到的都寫下來。
⑵寫下今天發生的三件好事。
⑶寫下回顧今天的發現和感想。

那就先這樣了，明天再見。

Day **41**

① 實行立即反應時，有什麼發現和感想？將想到的都寫下
來。

② 寫下今天發生的三件好事。

1.

2.

3.

③ 寫下回顧今天的發現和感想。

Day **42**

回顧 Week 06

　　第六週即將結束。昨天請各位嘗試請人幫忙,有什麼感想呢?我想許多人腦中都會冒出各種放棄的藉口。冒出各種想法是無意識行為,你無法靠意識控制它不要冒出來。或許你會想:「居然會冒出放棄嘗試的藉口,我真是太糟糕了。」但這種想法就是會跑出來,根本拿它沒轍。

　　真正糟糕的是,自己被冒出來的念頭說服。維持現狀機制會想盡辦法讓你維持現狀,如果只是發生在自己身上倒還無所謂,但維持現狀機制也會對身邊的人產生效果,所以身邊的人也會跳出來阻止我們。

　　「你是不是太拚了?」
　　「現在的你就很棒了。」
　　「努力的方向不對!」

　　許多人經常聽到類似的話,每一句幾乎都是出自親友的擔心,讓你內心糾結不已。但這是你的人生,只有你可以決定自己的人生,這些前來阻止你的人,都不會對你的人生負責。

爲了讓你繼續停留在現狀，身邊的人面對你時都非常友善、體貼。這時只須接受對方爲我們擔心的心意即可，然後持續下決心執行。過了一段時間之後，其他人對你的認知就會轉變爲「持續行動很有你的風格」，若沒看到你採取行動反而會擔心。

　　至於要等多久，每個人不一定。有些人早就已經改變對你的想法，也有些人過了一、兩年仍沒改變。但只要你有所改變，身邊的人也會跟著變。只需要深信這一點，靜靜等待即可。

　　筆記只剩下一週。有些人覺得自己連續六週、每天寫筆記，卻完全感受不到成長。請回顧第一週之後寫過的內容，應該會想給過去的自己一些建議，例如「這裡這樣寫比較好」「其實還可以做更多」等。

　　想給過去的自己建議，就代表有成長。過去的自己，和累積許多行動後現在的自己，有很大的差異。

　　如果說不出建議，並不表示沒有成長，而是你顧慮太多。顧慮什麼呢？顧慮自己。或許就是因爲你太過謙虛，所以才有「我累積的努力，任何人都做得到，根本沒什麼了不起」的想法。

　　事實上，沒有人可以連續六週持續做這些「任何人都做得到」的事情，幾乎所有人都會在中途被維持現狀機制說服。相信你腦中一定時常浮現各種聲音，像是：「你應該還有其他該做的事吧？」「這樣做也不會有改變。」「要是寫筆記就會改變，那天下還有無法改變的人嗎？」

　　即使有這麼多干擾，你還是不爲所動，相信自己並持續努

力到今天。你憑藉自己的力量創造了這六週的人生，這個獨一無二的經驗，是地球上其他人沒有的。任何知識，都因為融合了你的經驗，轉化成只有你能論述、獨一無二的素材。

這六週來發生了許多超乎預期的事情，相信當中有些事讓你頭上不停冒出問號。但所有事情的出現，都是為了幫助你成長，如果沒有這些事，你不可能獲得這麼多。

不過，光是改變想法，人生是不可能改變的。不採取行動的話，什麼都不會改變。行動來自思想和情緒，要以怎樣的感情做什麼事，這部分是自己可以掌控的。雖然腦中冒出來的想法無法控制，我們卻能控制要從什麼角度解讀。請努力分辨哪些可以控制、哪些不可以控制，在剩下的一週持續行動。

以下是今天的功課。

① 回顧這六週，你完成了什麼事情、有什麼好事發生？將回想過程中的發現和感想都寫下來。
② 如果 Week 06 可以重來，你會怎麼做？將想到的都寫下來。
③ 寫下回顧今天的發現和感想。

那就先這樣了，明天再見。

Day **42**

月　日（　　）

....

① 回顧這六週，你完成了什麼事情、有什麼好事發生？將回想過程中的發現和感想都寫下來。

_____

_____

_____

② 如果 Week 06 可以重來，你會怎麼做？將想到的都寫下來。

_____

_____

_____

③ 寫下回顧今天的發現和感想。

_____

_____

_____

_____

請寫下理想中的自己（Day 48 會用到）

Week

07

誠實面對自己

Day 43

不想重複的事情

　　剩下最後一週了。回顧過去，有些人會說：「早知道應該更早之前就開始挑戰。」面對這樣的學員，我總會告訴他們以下的故事。

　　古羅馬時代有位名爲加圖的學者，剛開始學習希臘文的時候，大家都這樣告訴他：

　　「都這把年紀了，爲什麼還想學新東西？怎麼可能學得會？」

　　加圖是這麼回答的：

　　「說的這是什麼話？不做做看，怎麼知道可不可能？今天永遠是餘生中最年輕的一天。」

　　我想請教各位一個問題。

　　猜猜看，朋友口中「都這把年紀了」的加圖，是幾歲開始學習希臘文的？

　　在平均壽命不長的古羅馬時代，答案居然是 80 歲。

　　古羅馬時代可以活到 80 歲已經很了不起，更厲害的是他還展現出積極學習的態度。不論幾歲，人生都是有可能改變的——我認爲這個故事帶給後人這樣的啓發，所以才會流傳這麼久，

甚至漂洋過海至其他國家。

　　今天永遠是餘生中最年輕的一天。我們確實無法回到過去，但可以**從過去獲得新的學習**。過去的決定無法改變，但我們可以從這一刻開始，做出與過去完全不同的決定。

　　今天開始寫筆記之前，請先寫下不想重複的事情。回顧過去的人生，你會發現自己總是重複做著很多相同的事，多到數不清。

　　俗話說：「歷史總是不斷重複。」過去的你，也是一段歷史，在這段歷史中不斷重複的事情，造就了你和你的人生。

　　今天請寫下自己改變不了的事情。例如在國小、國中、高中、大學，甚至出社會之後，一直重複做著惹人厭的同一件事。

　　撇除那些「因為我有被討厭的勇氣，所以就算惹人厭也無所謂」的人，一般人應該不會故意做惹人厭的事情吧。

　　終點即在眼前的時候，人會感到安心、鬆懈下來，因而鬆開手上的韁繩，停止行動。例如寫這本書時，因為距離截稿還有一段時間，所以我就放慢了速度，結果差一點趕不上最後截稿日期。

　　寫下不想重複的事情之後，自然會這樣問自己：「要怎麼樣才能避免繼續重複下去？」

　　提到惹人厭，雖然不是自己可以控制，但我們可以做很多事來讓自己不惹人厭。世界上有許多人都只顧自己，卻還是受人歡迎，不妨研究一下為什麼這些人這麼受歡迎。

請拿出白紙或任何筆記本，首先在左半邊寫下不想重複的事情，接著在右半邊寫下可以採取什麼行動，把想到的統統寫下來。願意花時間做這件事的話，一定可以寫出非常多東西，記得設定結束時間喔。

　　以下是今天的功課。

---

① 寫下不想重複的事情時，有什麼發現和感想？將想到的都寫下來。
② 寫下今天發生的三件好事。
③ 寫下回顧今天的發現和感想。

　　為了達成目標，請持續採取行動。那就先這樣了，明天再見。

Day **43**

月　　日（　　）

① 寫下不想重複的事情時，有什麼發現和感想？將想到的都寫下來。

② 寫下今天發生的三件好事。

1.

2.

3.

③ 寫下回顧今天的發現和感想。

Day 44

想重複再做的事情

　　昨天請各位寫下不想重複的事情，有什麼感想？或許有些人想不出要寫什麼，或是好不容易想出來才發現已經超過設定的時間。

　　如果之前從沒想過，臨時想不出來也是理所當然。其實，能不能承認自己想不出來，正是昨天功課背後的用意。想不出來也沒辦法，只能接納「這就是現在的自己」；如果無法接納自己，根本無法改變。

　　如果不能接納現在的自己，那麼我們能接納行動後改變的自己嗎？很可惜，答案是不能。未來雖然是未來，但未來實現了之後就是「現在」。如果不能接納現在的自己，又怎麼接納未來的自己呢？

　　確實，或許你真的對自己很不滿意，你會想：「我可以做得更好！」但如果不能接納現在的自己，這輩子就都無法接受自己了。相信各位不希望把一輩子的力氣都花在接納自己吧？

　　如果你已經發現無法接納自己，建議把「無法接納自己」寫在不想重複的事情清單上。

　　時時告訴自己：「現在的實力確實還無法實現理想，我要

接納自己。不過絕不僅止於此，絕不能僅止於此。我要相信自己一定能實現，並且每天不斷累積行動。」無法接納現在的自己，只是逃避現實罷了，而不斷逃避現實的人，不可能實現自己設下的目標和理想。

今天的功課和昨天剛好顛倒，「想重複再做的事情」。為什麼要先請各位寫不想重複的事情呢？因為如果不先學會放手，就無法開始新事物。

若不把心裡想的寫下來，就無法放手，也看不清放手的方法。請先假裝昨天寫的都順利放手了，將心中所想統統寫下來。

以我自己為例，想重複的事情就是像現在這樣出書。接著，心裡會產生「如果想重複下去的話，必須要做哪些事情」的疑問，行動便會伴隨而來。

出版社畢竟是做生意的，除了內容必須夠好，想幫暢銷作者出書也是理所當然。因此，必須讓越來越多讀者積極認識我。接下來便會開始思考「怎麼做才能讓這樣的人越來越多」，並進而冒出許多關於行動的想法；如果想不出來，可能會採取「去聽聽暢銷作家分享」的行動。接下來要做的，就是日積月累持續不斷地行動。

寫這本書的當下，我還不確定能不能出下一本書，但如果因為這樣就什麼也不做，只是默默等待，會得到下一本書的邀約嗎？絕對不可能。我只能相信未來還可以繼續出書，並且把現在能做的事情做好。

有些人會說：「說到底還是只能靠自己吧？」很高興你能這麼想，這也是我一直以來想告訴各位的。所有一切都在自己手上，我們無法控制自己以外的事物，只能盡人事，聽天命。

任何你想重複再做的事情，只要持續採取行動，就一定會實現。相反地，在實現之前，必須不間斷地行動。不過，幾乎所有人都會在實現之前放棄。如果中途放棄，只要把一切忘光光，繼續往前走就好，但大部分的人卻又捨不得放掉。

你應該不願意反反覆覆、想放又放不掉吧？為了不讓自己成為這樣的人，必須事先設定好哪些事情是想重複再做的，為了讓這些事重複發生，就要每天不斷累積行動。

你想重複怎樣的事情呢？請各位和昨天一樣準備好白紙或筆記本，在左半邊寫下想重複的事，右半邊寫下怎麼做才能達到目標。

以下是今天的功課

---

① 寫下想重複再做的事情時，有什麼發現和感想？將想到的都寫下來。
② 寫下今天發生的三件好事。
③ 寫下回顧今天的發現和感想。

為了達成目標，請持續採取行動。那就先這樣了，明天再見。

Day **44**

月　日（　　）

....

① 寫下想重複再做的事情時，有什麼發現和感想？將想到的都寫下來。

② 寫下今天發生的三件好事。

1.

2.

3.

③ 寫下回顧今天的發現和感想。

Day 45

記錄情緒

　　昨天請各位寫下今後想重複再做的事情，這同時也幫助你整理出理想的自己、理想的人生需要或不需要哪些事情。事前了解自己的成功和失敗模式，不但能提高成功機率，也能降低失敗機率。

　　只要抱著「再這樣下去不是辦法」的危機感，就會相信自己可以做得很好，也才能持之以恆寫到今天。

　　不想重複的事情，當然會想趕快停止。不過，維持現狀機制已經被設定成一直重複我們不想重複的事。例如，累的時候很想吃甜食，就會在無意識間看到甜的東西。如果只是看到還無所謂，但大多數人會忍不住走進超商買冰淇淋吃。

　　甜食確實能在短時間內讓血糖上升、補充熱量，並促進大腦分泌腦內啡，讓人覺得疲勞感變輕。但這都是一瞬間的，事後反而會更累。相信大家都有過這種經驗吧？

　　那應該怎麼做才好？其實只要訂好規矩。以前你設定的規矩是累了就要吃甜食，行動是最大的暗示，所以維持現狀機制已經習慣了這樣的規矩。

　　做任何事情都一樣，太努力一定會身心俱疲。不感覺疲累

的話，表示目前的能力足以應付一切，反而無法成長。感覺疲累後所採取的行動，能改變這個規矩。

舉例來說，假設有人告訴你：「累的時候吃點酸梅就好。」你會懷疑：「咦？為什麼是酸梅？」但其實酸梅蘊含的檸檬酸具有消除疲勞的效果，香草醛據說還有燃燒脂肪的效果，可說是一舉兩得。只要重複這個想法，維持現狀機制就會從甜食轉而追求酸梅。

就是這樣，各位可以試著設定一些「如果～就要～」的規矩，並且不斷重複再重複，讓維持現狀機制慢慢習慣。雖然習慣是長年累月建立起來的，不可能馬上改掉，但只要持續不間斷，一定會有改變。

今天的功課和以上話題完全不相關，請嘗試將情緒記錄下來。翻到下一頁之前，先將現在心裡所想、所感受到的，統統寫在白紙或筆記本上。之前已經做了那麼多練習，相信每個人都能接受負面情緒也是必要的。

讀到這裡，請一樣設定好時間，將心中所想或是感受到的，一五一十寫下來。多負面都無所謂，不需要壓抑自己的情緒，全都寫下來。

有人覺得不可以寫負面的東西，而壓抑自己的想法。我一直強調負面情緒也是必要的、是我們具備的特質，一直維持正向才不自然。

有時候我們會不由自主地想生氣，有時又會陷入悲傷情緒

之中，忍不住自責。請不要讓這些想法在腦子裡不斷膨脹、增加，而是寫在紙上。寫在紙上後，能用更客觀的角度看待自己。

　　希望你試著將這些負面情緒轉化爲以下句子：「有這樣的情緒也是理所當然。」加上這句話之後，就能將情緒從自己身上切割出來。

　　雖然我們無法壓抑自然湧出的負面情緒，但要如何解讀、面對這些情緒，都是自己可以決定的。

　　讀到這裡，請各位將情緒寫在白紙或筆記本上。接著，在這些情緒的後面加上「有這樣的情緒也是理所當然」，再進入今天的功課。

　　以下是今天的功課。

---

①將情緒記錄下來時，有什麼發現和感想？將想到的都寫下來。
②寫下今天發生的三件好事。
③寫下回顧今天的發現和感想。

　　距離實現目標，只剩下最後衝刺了。如果你已經達成目標，請爲剩下的 4 天重新訂定新目標。這麼做可以進行「達成目標＝我是可以達成目標的人」的自我暗示。那就先這樣了，明天再見。

Day **45**

月　日（　　）

(1) 將情緒記錄下來時，有什麼發現和感想？將想到的都寫下來。

_____

_____

_____

_____

(2) 寫下今天發生的三件好事。

1. _____

2. _____

3. _____

(3) 寫下回顧今天的發現和感想。

_____

_____

_____

_____

Day 46

接受批評

　　昨天記錄自己的情緒之後有什麼感想？相信許多人會忍不住心想：「寫這些好嗎？」而猶豫不決，後來你是否繼續寫呢？各種情緒湧上心頭是本能，無法壓抑，也不須壓抑，只要懂得如何解讀，並好好運用冒出來的情緒就好。

　　如果我們無法掌握會冒出怎麼樣的情緒，又如何能充分運用呢？如何掌握，昨天已經練習過了。

　　在還不習慣記錄情緒之前，會像剛剛那樣忍不住產生各種猶豫。「反正寫完之後不用給任何人看，大可放下心來想寫什麼就寫什麼」，這想法或許無法說服各位，但事實上，這本筆記確實不需要給任何人看，唯一會看的人，只有自己。

　　不喜歡負面情緒的人，不想承認自己是負面的人，所以寫不出負面的內容，往往寫到一半就停筆。

　　我們的祖先也是因為帶著負面思考才能存活下來。較樂觀的人會不顧生命危險往前衝，甚至因而喪命，所以無法留下後代。當然有些人樂觀地往前衝，也留下了後代，但畢竟是少數。不覺得我們之所以能像現在這樣活著，都是負面情緒發揮作用的關係嗎？

建議在日常生活中練習將情緒切割開來，以客觀的角度看待自己。例如憤怒的時候告訴自己：「這裡有一個憤怒的自己。」高興的時候告訴自己：「這裡有一個高興的自己。」悲傷的時候告訴自己：「這裡有一個悲傷的自己。」

　　今天請大家進行的練習，是藉由過去承受的批評來解讀負面情緒。

　　除非性格古怪，否則一般人都不希望遭人刻意批評，但我們無法控制別人，批評總會不經意出現。被批評的時候，我們的情緒會受影響，容易產生憤怒或悲傷的情緒。

　　有些人無論受到任何批評，都能冷靜地沉著面對。不過畢竟是人，接受批評的時候不可能沒有任何情緒，他們卻可以在短時間內解決。冒出來的情緒就像心臟跳動一樣，不是我們可以控制的。試圖控制那些不受控的事物，是很不切實際的，大可不必這麼做。

　　但要如何解讀、運用這些憤怒和悲傷的情緒，由我們決定。首先要掌握情緒，接著再思考如何解讀、運用。這樣的過程就是「接受批評」。

　　這裡所說的並不是「承受」批評。「承受」是指，原封不動地接收對方的批評。愛批評的人會強迫他人接受自己定義的標準。人與人之間，意見和價值觀不盡相同，所以才叫做「人間」，但許多愛批評的人不會意識到，「自己的意見才正確，對方不接受是對方的問題」這種最根本的偏差。如果我們不接受他們

的說法，他們就會生氣、哭給你看，希望藉此改變我們。

只要掌握好無意間冒上來的情緒，掌控對這些情緒的解讀，並善加運用，在面對他人的批評時，當下也能冷處理，過段時間再進行判斷。

請大家從過去的批評中選出一件。回想的過程中，相信會有各種情緒湧出，拿出紙筆將這些情緒寫下來。寫完之後再實行 Day 34 的「想像對方的背景」，想像並寫下對方為什麼這樣批評你。

做完這兩件事情之後，相信你會對批評有不同的解讀。

以下是今天的功課。

- -

① 接受批評時，有什麼發現和感想？將想到的都寫下來。
② 寫下今天發生的三件好事。
③ 寫下回顧今天的發現和感想。

- -

距離結束只剩下 3 天。雖然我很想大喊「最後衝刺！」，但寫完這本筆記之後，各位的日常生活還是會持續下去。記得不要為了寫筆記而把自己燃燒殆盡。那就先這樣了，明天再見。

Day **46**

月　日（　　）

---

① 接受批評時，有什麼發現和感想？將想到的都寫下來。

_____

_____

_____

_____

② 寫下今天發生的三件好事。

1. _____
2. _____
3. _____

③ 寫下回顧今天的發現和感想。

_____

_____

_____

_____

Day 47

慢慢來

　　昨天的功課可能是所有功課中最難的一次。光是要回想自己受過的批評就已經夠痛苦，還要想像對方的背景，對許多人來說根本是一種苦行。

　　不過，對某些人來說，這個功課反而是下筆最順暢的。是怎麼樣的人呢？就是能將批評轉化為感謝的人。

　　過去我請教過許多成功人士，想知道他們如何面對他人的批評。結果每個人都異口同聲地說：「非常感謝他們。」其中一人還說：「他人的批評不但開啓了我不曾發現的視角，對方還把自己有限的時間和精力花在我身上。如果批評我，能為他排解平日累積已久的憤恨不平，也算是有幫助。有些批評確實並不中肯，但要怎麼面對批評，是我們可以決定的。對方這樣的粗暴對待，喚醒我內心潛藏的全新能力。」

　　成長得越茁壯，受到的批評就會越多。有些批評甚至來自最了解你的人。為什麼會招致批評呢？一切都是因為維持現狀機制不希望你有所改變。不過，只要事先知道會引來批評，就能提前做好準備。有些批評來自認識我們的人，並非出於嫉妒，而是真的擔心。

受到批評的時候，會有情緒上來，而且是停不下來的。這時不要把注意力放在壓抑情緒，而是放在如何掌握並解讀這些湧上來的情緒。

今天的功課是「慢慢來」。在做完功課、開始明天的功課之前，做任何事情請隨時提醒自己慢慢來。

請和我一起呼吸。全神貫注於自己的呼吸，讓心情冷靜下來。慢慢吐氣，彷彿將身體內的空氣都擠出來一樣；接著再慢慢吸氣，讓體內充滿空氣後，再慢慢吐出。這樣重複五次之後，再往下讀。

感覺如何？相信你會感受到一股不可思議的冷靜。如果還是無法冷靜，就多做幾次，直到靜下心來。

心急的人無法等待「靜心」，那麼你呢？

無法使思考現實化的人有一個共同點，就是等不了。等不了是因為無法打從心底相信現實化之後的未來。因為你不相信，不相信的東西又怎麼會實現呢？

希望思考現實化，必須具備讓思考成為現實的能力。想增強這樣的能力，只能靠日積月累的行動。但能力是否變強，無法從外表看出來，只有成為現實，才會察覺自己已經具備這樣的能力。

我了解你會感到心急，但越是心急，就越容易自我暗示；相反地，只要深信一定能成真，就不會心急了。

有人會說：「話雖如此，但時間就快要到了，當然會心急

啊。」這不就是過去一直重複的行為嗎？請回想一下你是不是在 Day 43 的功課「不想重複做的事情」寫到了心急？

每天行動之餘，像這樣不斷回顧過去的功課，可以更加了解自己。明天一整天請記得慢慢來，例如，用餐時每一口都咀嚼三十次，甚至一百次；綠燈開始閃爍的時候就停下腳步。記得一整天都要慢慢來。

以下是今天的功課。

①實行上述的呼吸方式時，有什麼發現和感想？將想到的都寫下來。
②寫下今天發生的三件好事。
③寫下回顧今天的發現和感想。

那就先這樣了，期待明天見到慢慢來、不慌不忙的你。

Day 47

月　日（　　）

（1）實行上述的呼吸方式時，有什麼發現和感想？將想到的都寫下來。

（2）寫下今天發生的三件好事。

1.

2.

3.

（3）寫下回顧今天的發現和感想。

Day 48

理想的自己

今天度過了一整天慢慢來的生活，感覺怎麼樣呢？開車的朋友有沒有刻意不走高速公路而改走一般道路，並注意不超速呢？搭電車的朋友有沒有捨棄快速車或急行車，改搭平快車呢？

現代人永遠被時間追著跑，連我寫這本書的時候也一樣，越接近截稿，心情就越緊張。但我知道時間緊迫時，瞎忙也沒有任何幫助，而且心情越急，越沒有好的想法。心急是無意識冒出來的，沒辦法阻止，但我們可以決定如何面對、處理心急的情緒。寫作過程中，我一直相信距離截稿越近，大腦就越能發揮全力，趕上截稿日。而各位此時閱讀本書，也是因為我努力趕上截稿日，使出版成為現實才得以實現。

明天就是第七週的回顧了，今天是最後一次寫功課。最後一次功課的題目是「理想的自己」。你想變成怎樣的人？把理想的自己寫在紙上。之後當然不用守著這些內容不放，反而應該隨時微調，讓理想更加成熟、洗鍊。

但是卡通《哆啦A夢》的主題曲也說了，能幫助大家實現所有願望的，只有小叮噹的神奇口袋而已。現實生活中能幫你實現願望的，只有你自己。

理想的自己過著怎樣的生活？身邊的朋友是怎樣的人？住在哪裡？做著怎樣的工作？這些內容不需要給任何人看，所以不需要顧慮其他人，儘管寫下來就是。

　　設定好理想的自己，理想的自己就會在未來誕生。過去這48天以來，各位認真地執行了筆記的內容。開始寫筆記之前，並不存在寫筆記的你，但開始寫筆記之前的你，造就了之後開始寫筆記的你，接著才使持續書寫筆記這件事成為現實。

　　設定未來的同時，未來就已經準備好成為現實了，接下來只要讓自己成為符合未來的樣子即可。如果你無法成為適合未來的樣子，不但未來無法成為現實，更表示你未能成為符合未來的自己。

　　聽起來似乎理所當然，但你已經寫了這麼長一段時間，可以靠經驗去體會了。

　　常有學員表示：「找不到真正想做的事情。」我總是告訴大家：「真正想做的事不需要自己去找。」根本不需要思考想做什麼，我的建議是：「你想成為怎樣的自己？先設定理想的自己。」

　　設定好理想的自己之後，再反推回去思考，如何使理想的自己成為現實。當你設定的理想越明確，就越不會因為選擇和決定感到猶豫，因為你會將眼前出現的一切解讀為，這都是為了讓我成為理想的自己。或許也會出現以前絕對不可能做的事情，但正因為是以前不會做的事，才會發覺全新的可能。

對以前的你來說，願意堅持書寫筆記到今天，或許也是絕對不可能做的事情。但正因為你的堅持，才打造出與書寫筆記之前不同的你。

可以創造自己、打造人生的，只有你，獨一無二的自己。堅持每天寫筆記到今天的你，也具備這樣的能力。讀到這裡，請馬上設定時間，將理想的自己寫在第 200 頁。不須寫得太過富麗堂皇，放輕鬆讓手帶著筆自然寫下。

寫好之後，也別忘了每天累積行動，讓自己符合設定中的未來樣貌。

以下是今天的功課。

①寫下理想的自己時，有什麼發現和感想？將想到的都寫下來。
②寫下今天發生的三件好事。
③寫下回顧今天的發現和感想。

明天就是最後一天了，期待明天見到寫下理想自己的你。

Day **48**

月　　日（　　）

① 寫下理想的自己時，有什麼發現和感想？將想到的都寫下來。

② 寫下今天發生的三件好事。

1.

2.

3.

③ 寫下回顧今天的發現和感想。

Day 49

回顧 Week 07

　　恭喜各位終於迎來了這一天。或許有人鬆了一口氣，不過還請不要太早放下心，一定要堅持到最後。好不容易培養出將思考變成現實的能力，最後一天要聊聊如何不浪費這個能力。

　　就像肌肉一樣，練好之後幾天沒用，肌肉很快就會消失。好不容易堅持了 49 天培養出的能力，幾天不用，一樣很快會消失，陷入腦袋清楚知道該採取什麼行動，但身體就是動不了的狀態。

　　每次說到這裡，就有許多人表示：「想使思考成為現實，難道必須一直行動下去嗎？」不用懷疑，答案是肯定的。

　　請思考你真正希望成為現實的是什麼。每天書寫這本筆記，只不過是讓想法成為現實的一個過程，如果途中停下腳步，根本不可能實現。

　　擅長讓思考成為可能的人，不會把終點視為終點，而是全新的起點。就好像小孩總是開心地玩，永遠玩不膩一樣，他們會不停找到新的樂趣，並且持續行動。持續行動這件事已經變成他們的維持現狀機制。

　　另一方面，無法拿出好成效的人，會在抵達終點之前告訴

自己：「我都已經努力這麼久了，稍微休息一下也沒關係。反正已經有行動力了，隨時可以再開始。」他們會被維持現狀機制的甜言蜜語說服，因而停下行動的腳步。

維持現狀機制會想盡辦法讓你回到書寫筆記前的自己。維持現狀機制並沒有惡意，只是在保護你，希望你保持以前的樣子。

今天就是最後一天，我能提供的協助到此為止，接下來才是真正的開始。各位已經來到舊有維持現狀機制即將轉變為全新維持現狀機制的時候。真正開始改變時，會發生什麼事情呢？那就是心頭會湧現「無力感」。

各位心中一定會湧現「我幹麼做這些事情」「我這麼努力了，為什麼看不到成果」「採取行動後也沒什麼改變」等無力感。或許有人早就感受到這種無力，但現在你已經知道怎麼處理了：只要理解這種無力感，改變解讀的方式即可。接著，請確認自己想變成怎樣的人、想實現什麼目標、想實現怎樣的理想未來。

告訴自己，並動起來：

「啊～無力感湧出來了。提不起勁，但就算提不起勁，只要從做得到的事情開始採取行動，就能提起勁了。如果是理想的自己，這時候應該會冷靜地行動。不採取行動的話，未來也不可能實現，所以只能放手去做。」

當然，休息是必要的，但對於實現能力強的人來說，休息並不僅止於稍作休息。他們會主動積極地在過程中休息，藉以提升接下來的行動表現，並思考下一階段的策略。乍看之下沒在動，其實並沒有停下來。

　　要不要行動，決定權在你手上。或許身邊有許多人試圖阻擋你，你也會想：「邊工作邊帶小孩那麼累，每天還要抽出 15 分鐘做自己想做的事情實在很拚……」15 分鐘雖然只占一整天的 1% 多一點點，但只要集中精神在這 15 分鐘，情勢一定會改變的。絕對會。

　　許多人不珍惜這 15 分鐘，覺得只有 15 分鐘、只做 15 分鐘也沒意義，有更多時間可以做得更好。專注於不存在的事情而不採取行動，是不會有任何改變的。

　　或許 15 分鐘很短，也或許只是小小的行動，但這些少少的時間、小小的行動，經過不斷累積之後，打造出 49 天之前的你和現在的你，兩種截然不同的自己。只要不斷累積行動，每個人一定都會改變。

　　今天是最後一次給各位功課。為了實現理想，請一定要持續行動；一旦停止行動，距離實現理想就會一天拖過一天。

　　以下是今天的功課。

---

① 回顧第七週，你完成了什麼事情、有什麼好事發生？將回想過程中的發現和感想都寫下來。

②如果 Week 07 可以重來，你會怎麼做？將想到的都寫下來。
③寫下回顧今天的發現和感想。

....

　　雖然本書已到尾聲，但之後還加了一項功課，請務必全部
寫完，相信對各位踏出下一步有很大的幫助。

Day 49

月　日（　　）

① 回顧第七週，你完成了什麼事情、有什麼好事發生？將回想過程中的發現和感想都寫下來。

---

② 如果 Week 07 可以重來，你會怎麼做？將想到的都寫下來。

---

③ 寫下回顧今天的發現和感想。

---

memo

結束即是開始

　　恭喜你終於完成這本書，49 天以來持續累積的想法和行動都留在書裡了。這本書眞正的作者不是我，而是一步一腳印，留下每天所想的你。

　　前文提過，每天記錄在筆記中的內容，除了你自己之外，沒有其他任何人經歷過。正因爲沒有其他人經歷過，這本書也就成爲獨一無二的書。

　　相信很多人在過程中不斷冒出想放棄的念頭，也有過一天、甚至好幾天忘記寫，但你們還是接納了這樣的自己，並且持續到今天。

　　所以我敢直言：「你是個說到做到的人。」

　　或許有人覺得不過是 49 天而已，但 49 天是日復一日的累積。誠如之前所說，持續是累積的結果，無法持續的人，只是因爲沒辦法做到單一行動。那爲什麼這些人不行動呢？各位記得爲什麼嗎？沒錯，就是因爲「忘記」。

　　相信許多人都有過記憶不可靠的經驗。不能太相信自己的記憶力，因爲人是健忘的。而因爲會忘記，所以需要下一點工夫。

在這世上，沒有人是從未經歷失敗的。不會失敗，表示不願意挑戰，往後的人生也就這樣渾渾噩噩度過了吧。即使花了很多時間、精力，有可能最後還是得不到自己想要的成效。

即使持續不間斷地行動，也不可能不失敗。錯誤發生之後再來懊惱，既不能讓時間倒轉，也不能讓錯誤消失，而且懊悔的同時，時間也在一點一滴流逝。更何況，後悔也不會讓事情往好的方向發展。

有時間懊悔，不如把時間拿來思考：「如果能重來的話，我會怎麼做？」並採取下一個行動。

或許有人不滿意成效，會想：「我每天都把功課寫完了，卻沒達成目標。」沒能達成目標，表示你還不具備達成目標的能力。

不過也因為沒達成目標，才會知道自己對目標的判斷太天真、對自己的評價過高等現實條件。即使這次沒能達成目標，只要將學到的教訓發揮到下一次，就能順利將失敗轉換為成功，也就是：因為那 49 天失敗了，所以現在才會成功。

無論是哪個領域的頂尖高手，甚至奧運金牌選手，都不可能沒經歷過失敗就拿到好成績。每個人都是記取失敗的教訓，發揮在下一次挑戰，才拿到好成績。沒有人願意失敗。即使做好萬全的準備才上場，還是有可能無法拿到理想的成績，但也正因為沒拿到理想的成績，才了解自己的不足，並在下一次挑戰時補足。歷經不斷地成功與失敗，我們才會持續成長。成長

是沒有終點線的，所謂的終點線，都是自己畫出來的。

請先釐清自己擅長做什麼。接納自己擅長的部分，再過濾不足的部分——不足的部分，就是還有機會成長的空間。而為了讓自己有更多成長，「努力」是不可或缺的。我想利用最後的篇幅談談努力。

「努力」這個詞給你怎樣的印象呢？大多數的人可能會馬上聯想到「不努力不行」「咬牙苦撐」等畫面。

說到底，為什麼人非努力不可？我們從小就被教育「一定要努力」「只要努力，一定會獲得回報」，但似乎沒有人告訴過我們：「為什麼不努力不行？」因為大家都認為，想得到什麼，努力爭取是理所當然，沒有任何疑問。

就好像為了考上第一志願而努力讀書一樣，一般大眾對努力的定義都是為了得到某些東西。但我對努力的定義和其他人不同。努力不是受人強迫而做，而是為了打造自己的人生，出於自由意志所做的。

越是努力，就越能對自己進行自我暗示：「我是自由的、有自由意志的人。」以各位花時間寫完這本筆記為例，應該不是被任何人所迫、被逼著做的吧？或許有人推薦你這麼做，但決定開始做的，是你自己。

人的一生由每天累積而成，只要改變其中一天的過法，人生就會因此改變。說得更細一點，一天是一秒一秒累積而來，改變每一瞬間的過法，也會進而影響整個人生。

每個瞬間，你帶著怎樣的意識度過呢？

幾乎每個人都在無意識中度過。所謂的無意識，就是到目前為止累積的習慣，如果不刻意改變，你的人生就會像現在這樣繼續。如果你對這樣的人生感到滿意，不需要做任何改變，但如果多了某些行動，過去的人生就會被破壞，進而創造出全新的人生。這就是破壞與創造。沒有破壞，沒有創造。

努力，就是破壞和創造的不斷重複。因為自己的自由意志去破壞人生，並在破壞後的荒地創造全新的事物。你親自動手破壞了 49 天前的自己，創造出一個持續 49 天、全新的自己。

只要繼續努力下去，就會發展出全新的樣貌；不過一旦停止努力，好不容易創造出來的自己就又會被破壞，再創造出破壞前原本的樣子。而且一旦受到破壞，你的身體自然就學會如何不受破壞，創造出更強大的你。

哲學家伊曼努爾・康德這樣解讀自由：「遵守規範的時候，人才是自由的。」只有人類能以自由意志執行自己訂下的規範。

一般人認為受到規範束縛會感覺不自由，努力則是為了逃脫這個規範。但怎樣的生活稱得上不受規範束縛呢？那就是完全順從自己的欲望，在想吃飯的時候吃飯、想睡覺的時候睡覺。不過這種生活無法使人成長，也不會產生想貢獻的情緒。

為自己定義出理想的自己，並且遵循著理想自己的規範而活，越來越接近理想的自己。遵循自己訂下的規範，是你的自由，也是你的努力。努力的結果就是未來順利成為理想中的自

己。在成爲理想自己的過程中，應該會有許多收穫，這些收穫可能是金錢，可能是人脈。獲得了金錢與人脈，就能做到目前做不到的事情，也就是自由的選項變多了。努力越多，你就越有機會成爲實現自由的人。

生而爲人，世界上有許多約定俗成的規定與義務，例如繳稅。你可以繳稅繳得很不開心，也可以抱著「我繳的稅金變成薪水，支付給許多默默保護這個社會、維持社會運作的人」的心態。不管選擇哪一項，都是你的自由意志可以決定的。

你可以在各種限制中找到自由，並且體現這些自由。想逃脫限制，就會感覺不自由。我深信只**要能在各種限制中找到並體現自己的自由，就能使人獲得幸福**。

說了這麼多，請各位進行最後一項功課。

最後一項功課是請各位回顧閱讀本書後獲得的體驗。曾有補習班老師告訴我，成績越好的學生在模擬考試中會花越多時間回頭檢查；許多績效優秀的商務人士，也會定期找時間回顧過去的成績，甚至會舉辦研討會進行各項回顧。請務必撥出一小時，慢慢完成這項最後的功課。

今天的功課和之前完全不同：請寫下一句話，送給尙未開始書寫這本書的自己。各位之所以可以持之以恆，就是因爲過去的你購買了這本書，開始了第一天的功課。如果沒有開始第一步，就不會有今天完成這本書的你。因此，請寫一些話感謝

當初踏出第一步的自己。

　　感謝各位讀者陪著我寫完本書。雖然這本書已經結束，但你的人生仍會持續。有機會與各位走到這裡，我深感榮幸。期待有朝一日能與你面對面。

....

① 回顧整本書，寫下自己學到的事情、覺得很棒的事情，並寫下回顧後的發現和感想。

_____

_____

_____

_____

② 如果可以的話，你想要再寫一次這本筆記嗎？將想到的都寫下來。

_____

_____

_____

_____

③ 請寫一句話送給尚未開始書寫這本圓夢筆記的自己。

_____

_____

_____

www.booklife.com.tw　　　　　　　　　reader@mail.eurasian.com.tw

自信人生 181

7週圓夢筆記：每天一頁，寫著寫著夢想就成眞了

作　　者／橫川裕之
譯　　者／龔婉如
發 行 人／簡志忠
出 版 者／方智出版社股份有限公司
地　　址／臺北市南京東路四段50號6樓之1
電　　話／（02）2579-6600・2579-8800・2570-3939
傳　　眞／（02）2579-0338・2577-3220・2570-3636
副 社 長／陳秋月
副總編輯／賴良珠
主　　編／黃淑雲
責任編輯／胡靜佳
校　　對／胡靜佳・黃淑雲
美術編輯／林韋伶
行銷企畫／陳禹伶・朱智琳
印務統籌／劉鳳剛・高榮祥
監　　印／高榮祥
排　　版／陳采淇
經 銷 商／叩應股份有限公司
郵撥帳號／18707239
法律顧問／圓神出版事業機構法律顧問　蕭雄淋律師
印　　刷／祥峯印刷廠
2023 年 1 月　初版

SHIKO WO GENJITSUKA SURU「NERUMAE」NOTE by Hiroyuki Yokokawa
Copyright © Hiroyuki Yokokawa 2021
Complex Chinese translation copyright © 2023 by Fine Press
All rights reserved.
Original Japanese language edition published by WAVE PUBLISHERS CO., LTD.
Complex Chinese translation rights arranged with WAVE PUBLISHERS CO., LTD.
through Lanka Creative Partners co., Ltd.(Japan).

當你開始留意到符合期待的世界,
大腦就會開始幫忙搜尋符合期待的事物。

—— 《3分鐘未來日記》

◆ **很喜歡這本書,很想要分享**

圓神書活網線上提供團購優惠,
或洽讀者服務部 02-2579-6600。

◆ **美好生活的提案家,期待為您服務**

圓神書活網 www.Booklife.com.tw
非會員歡迎體驗優惠,會員獨享累計福利!

國家圖書館出版品預行編目資料

7週圓夢筆記:每天一頁,寫著寫著夢想就成真了/橫川裕之 著;
龔婉如 譯.--初版. -- 臺北市:方智出版社股份有限公司,2023.01
240 面;14.8×20.8 公分. --(自信人生;181)
ISBN 978-986-175-717-9(平裝)

1. CST:修身 2. CST:問題集

192.1022   111018548